中农金研修院《中小银行卓越管理丛书》

小而美

——一家小银行的逆势破局之道

梁磊　李玫　王瑜　周杨 ◎ 编著

中国金融出版社

责任编辑：王雪珂
责任校对：李俊英
责任印制：程　颖

图书在版编目（CIP）数据

小而美/梁磊等编著. —北京：中国金融出版社，2020.8
ISBN 978-7-5220-0675-8

Ⅰ.①小…　Ⅱ.①梁…　Ⅲ.①农村商业银行—经营管理—研究—乐清　Ⅳ.①F832.35

中国版本图书馆CIP数据核字（2020）第115314号

小而美
XIAOERMEI

出版
发行　中国金融出版社

社址　北京市丰台区益泽路2号
市场开发部　（010）66024766，63805472，63439533（传真）
网上书店　www.cfph.cn
　　　　　（010）66024766，63372837（传真）
读者服务部　（010）66070833，62568380
邮编　100071
经销　新华书店
印刷　保利达印务有限公司
尺寸　169毫米×239毫米
印张　15.75
字数　210千
版次　2020年8月第1版
印次　2023年9月第10次印刷
定价　69.00元
ISBN 978-7-5220-0675-8
如出现印装错误本社负责调换　联系电话（010）63263947

序 一

2017 年，在第五次全国金融工作会议上，习近平总书记指出，金融要回归本源，服从服务于经济社会发展，要把为实体经济服务作为出发点和落脚点。2019 年，在中央政治局第十三次集体学习时，习近平总书记强调，要构建多层次、广覆盖、有差异的银行体系，增加中小金融机构数量和业务比重。总书记的系列重要讲话精神，为金融业特别是中小银行发展指明了大方向。

农信社是中小银行代表，也是我国金融体系的重要组成部分。浙江农信作为新中国成立以来全省唯一一家金融血脉从未间断的金融机构，风雨兼程已 68 载。特别是 2004 年，时任浙江省委书记习近平同志亲自部署成立省农信联社以来，省农信联社带领辖内 81 家行社坚持服务"三农"、服务民营小微企业、服务地方经济社会发展，成为地方金融排头兵、农村金融主力军和普惠金融引领者，走出了一条具有农信特色的高质量发展之路。

乐清农商银行作为 81 家行社中的一员，近年来始终坚定支农支小主责主业，充分发挥其机构小、规模小、客户小的独特优势，创造性提出了"不违规、不盲目、不攀比"的"三不原则"，在一步一个脚印的坚持与实干中，近乎极致地诠释了"小而美"发展模式。这与中央关于金融回归本源、大力发展中小银行等精神是高度一致的，也是历经实践检验、符合农信社自身发展规律的。

乐清农商行"小而美"模式的成功探索，是其在"敢为人先、特别

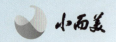

能创业创新"温州人精神的感召和激励下，勇于突破的重要表现；是其坚守县域法人定位，充分发挥小法人接地气、决策链短等地缘人缘优势的具体体现；也是其成功经受住2011年温州民间借贷风波考验，实现弯道超车的宝贵经验。

当然，任何一种成功探索或经验都不可能是一成不变的，"小而美"发展模式在坚守做小做散这一核心理念的同时，也需要不断与时俱进。要在时代变迁之中，因时因势求新求变，不把"小"定义化、局限化，不拘泥于"小"本身，而是不断探寻这个模式的内在潜力与活力，在极致中寻求新突破；要在金融科技发展大势中，紧抓机遇拥抱变化，积极投身数字化转型，以线上线下的融合发展赋能"小而美"发展模式，真正实现"小而美""小而强""小而优"。

不忘初心，方能成就匠心；坚守不变，方能瞬息万变。这正是乐清农商行"小而美"模式的真谛所在。未来已来，愿我们都能够既有坚如磐石的战略定力，又有与时俱进的激情活力，在发展以人为核心的全方位普惠金融，努力建设全国一流社区银行的征程中，书写无愧于新时代的更多精彩！

王小龙

浙江省农村信用社联合社党委书记、理事长

序　二

2020 年仲夏之夜，有幸收到乐清农商银行的书稿，并邀我为之作序。这是一家在上一次金融风波中"逆风飞扬"的银行，而今又逢 2020 年庚子新冠疫情，很多金融机构被迫停下脚步重新反思。我想在当下这个时点，这本书对金融机构特别是中小银行，在危机中探寻转危为机的生存之道，很有现实意义。

在全国农村中小金融机构里，大家都知道乐清农商银行的"小而美"很厉害。2019 年，我们的编辑记者到访了乐清农商银行，大家不约而同提到了"极致"和"工匠精神"。先后刊登的《"极致的小而美"背后——专访浙江乐清农商银行党委书记、董事长高剑飞》《工匠精神：农商银行"下半场"破局之道——专访浙江乐清农商银行党委书记、董事长高剑飞》《农商行的下半场——浙江乐清农商银行董事长高剑飞关于 2020 年的专题报告》等几篇文章，在业界引起了不小的轰动。

十年磨一"剑"。一位合格的"匠人"，一定是通过长久的时间打磨、沉淀出来的。从业多年的高剑飞，就是这样一位银行家界的"匠人"。投身金融业 30 余载，亲历各类金融业态，看惯市场沉浮，高剑飞炼就了一双慧眼和一颗匠心。作为全国标杆农商银行的掌舵人，带领乐清农商银行走出了一条"小而美"差异化经营之路。

我认为高剑飞的慧眼具体体现在三个方面：一是慧眼"识道路"。书中关于乐清农商银行差异化、聚焦化和共生化的战略分析，以及高剑飞"拉不来、养不起、留不住"等论断都极为生动精辟。二是慧眼"识

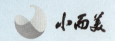

风险"。"疯狂背后必有大风险",退出造船业、不做大表外投行业务、不做贸易背景不真实的承兑汇票、不做房地产及涉及房地产的业务等案例,不禁让人拍案叫好。三是慧眼"识机遇"。纵观乐清农商银行"小而美"的发展史就是一部创新史,十年进行了三次重大战略升级。在转型发展上,乐清农商银行为我们提供一个绝佳的样本。

在外界看来,或许乐清农商银行"走自己的路,用自己的方,做自己的事"有些特立独行,但背后是他们有自己的"眼光"。这种"眼光"是企业家的战略眼光,不仅能于机中见"危",也能于危中见"机"。这需要掌舵者有清醒的认识,不能受机会诱惑,需要透彻理解行业与市场发展规律,需要有布局行业和引领行业的决心,"为大家眺望远方,比别人向前一步"。但在纷繁复杂的经济金融市场和激烈的竞争角逐中,光有眼光或许还难以穿透市场和人心的迷雾,必须要有"心光"的指引。在不断的市场诘问和自我拷问中,不随波逐流,需要的是强大自我约束的初心。心中有道,脚下才有路。

匠心打磨的品牌,才有可以传承的生命力。几年前,"小而美"还仅是乐清农商银行的一种创新性做法。如今,乐清农商银行已将"小而美"做到了极致,"小而美"成为浙江农信系统的一面旗帜。匠心之路,重在延续和传承。乐清农商银行不做跟随者而做引领者,不做获得者而做开拓者,把极致当成幸福来追求,将初心磨成匠心来坚守,守护基业长青的品质银行和百年银行,也让"小而美"三个字变得更加厚重。"小而美"于乐清农商银行而言,不再只是一种模式、一个品牌,而成为了一种精神和一种文化。内求定力,外求生长;向内探索,向外超越;止于至善,美得其所,这是我所理解的"小而美"之道。

虽然平日看了大量的报道和文章,最后感觉还是隔靴搔痒,不得要领。这本书全面阐述了乐清农商银行的发展历程、经营理念和业务模式。在回顾乐清农商银行的历史业绩、阐述乐清农商银行的经营策略的同时,也在无形中传递出乐清农商银行独有的企业文化。毋庸置疑,乐清农商银行"小而美"这种成功的商业模式，对中国的中小银行经营管理具有重要的启示作用。我认为，这本书是国内研究中小银行、研究普惠金融的宝贵参考。

由中国农村金融杂志社和全国 30 家省级联社（农商银行）联合组建的中农金研修院，已于 2019 年 12 月 19 日正式成立。作为主要为全国农村金融机构提供教育培训、研究咨询和对外交流等服务的智库平台，中农金研修院致力于发现中小银行卓越管理的典型和标杆，以期推动农金机构在跨行、跨界、跨域深度交流与互学互鉴中实现更高质量的发展。本书亦作为中农金研修院"中小银行卓越管理丛书"的第一本，向读者诸君问好。

故此，我愿意隆重推荐这本书。

中国银行保险传媒股份有限公司党委书记、董事长
中国农村金融杂志社党委书记、社长

序 三

近些年我一直关注中小微企业的融资问题，也在探索解决之道。一次偶然的机缘，前往乐清农商行调研考察，高剑飞董事长亲自接待。高董气宇轩昂有决断力，但又保有"土气"接着"地气"，说起这家工作了30年，为之奉献了所有芳华的小农商行，眼里全是热切。实地考察下来，非常惊讶。中国竟也有真心实意深耕"农小土"且还能获得如此高收益率的银行！这是如何做到的，又需要怎样的品质才能"坚守"？这些做法是否具有可推广性，或者其中隐含有解决中小企业融资的某种思路？这些问题成了我调研当中，以及离开乐清之后一直琢磨的问题。

一晃几年过去了，乐清农商行将他们的探索之路和做法总结成书。《小而美》既有思想和文化上的提炼，也有管理和做法上的总结，精炼准确，对有意于投身中小微企业融资事业的人员，有一定的借鉴意义。借此机会，将我的一些思考总结如下。

看见价值。中小微企业的融资问题，一直是我国金融发展的难题。长期以来，我国银行业用类似于大企业价值评估方式审视小企业，在太阳底下观察蜡烛，发现它们绝大多数"一无是处"。为了保证银行的信贷安全，往往缩短信贷期限，要求小企业不断通过"抵押""担保"等方式增信。相同的价值观，选择了相同的企业群体，带来被普遍看见的确定性领域"拥挤"，推升成本。在国家要求大银行大力发展普惠业务时，发生的大多数只是争夺现存优质客户和"垒小户"操作，少数以更大的风险和成本扩大中小微企业贷款边界。

信贷业务是"看得见"、"看得懂"和"信得过"授信对象的过程。

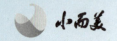

"融资难"反映了银行看不见中小微企业，"融资贵"则反映了银行信不过中小微企业。两者的根源都在于没有发现中小微企业内在价值，更不用说发展出一套监测和共享价值的可操作体系，不仅甄别企业，还与企业共成长。

乐清农商行是国内少有的"看见"中小微企业特别是农民价值的银行。以高剑飞董事长为首的乐清农商行看到了"企业有经济周期，但农民是基本不受经济周期的影响，是最稳定的"，"农民同样也是最具成长性的，贫穷是让人持续艰苦奋斗的动力，贫穷时尊严成了最坚韧的底线"。这是一片被人忽略的低风险、高成长、高收益的空白地。在绝大多数银行还在高大上"红海"中不断厮杀时，乐清农商银行却在"农小土"的蓝海中遨游。可以说，乐清农商行的发展，就是和当地小微经济、"三农"一起成长和转型的故事。

守得初心。基于世俗的利弊得失权衡，是无法守住"初心"的，甚至无法发现"初心"的。只有"瞥见"真实的"价值"，发现那个"本是"，才能全然接纳，使其成为内在的"使命"和"愿景"。不拘泥于概念和理论上的理性论证和成本收益上的经济选择，具有某种"信仰"色彩。也只有如此，才能"知行合一"，将个人和公司完全融于那个"本是"。伟大的个人和企业，都是在"信仰"和"知行合一"中呈现"瞥见"的内在价值，从而能始终在"道"中，"守得初心"。

乐清农商行坚守"小而美"是不容易的。既有赚"快钱"的诱惑和金融危机的洗礼，也有将客户培育壮大后的"拱手相让"的不甘，更有外部质疑、内部不解的孤独。"固步自封"还是"坚守初心"，只有一纸之隔。"瞥见价值"与"自以为是"，是分水岭。既然所行之道不是拥挤的"红海"，而是空旷的"蓝海"，那就注定了是一条不容易被理解的孤独之路。取舍之间是大道，唯有"本是"的信仰，方能"知行合一"，"舍"得下，"取"得住。

自我成长。成长即是回归，是找回"中心"和"初心"的过程。银行的成长，既是董事长的个人修行，也是全体员工的共同修行。撞醒并激发一群志同道合的人，回归"初心"和"中心"，与客户、同业和员工形成自我滋养的生态，是银行成长的"艺术"。

乐清农商行以价值观引领员工，打造"命运共同体"。俯下身来走进客户、拥抱"大数据"，务实的考核和风险管理，为乐清农商行坚守"农小土"提供了"术"上支撑，构建出内在一致的、可以良性循环的自我实现、自我成长的生态体系。我们除了"看见"中小微企业的价值，在实现路径上，也许还需要重新思考什么才是合适的"银企"关系，如何培育嫁接银行和企业的中介桥梁，形成良好的生态，相互赋能，将企业多样化的短板转化为真正的资金短缺。

银行的成长，也是需要不断走出"舒适区"，不断面对外部世界的"不确定性"和内部世界的"黑暗"与恐惧。成功是过去的墓志铭，也是未来的绊脚石。自我适应的制度和市场，往往也会"路径依赖"，将发展空间"锁定"。唯有不断"直面"，方能不断超越困难和问题，才能"苟日新，日日新，又日新"。

在一个小的细分市场不断耕耘，终有一日会被自己的脚步挤满。因而需要不断重新"瞥见"，发现新的细分市场，尤其是发现新的价值，进行"二次创业"。一般来说，价值被外部充分认可的时候，就是原有价值充分挖掘，道路开始"拥挤"的时候，也是需要"二次创业"的时候。乐清农商行已成为"小而美"的标杆，也是到了放下"小而美"再出发的时候了。

陈道富

国务院发展研究中心金融研究所副所长

前　言

　　2011 年以来，中国经济的发展波澜壮阔。在金融业，新旧金融交替，混业金融、互联网金融、民营银行的后浪扑面而来，"银行不改变，就改变银行"的紧迫感、转型"银行 4.0"的焦虑感充斥着银行界。对以农信社起家的农商银行而言，如何把握新的生存法则，成为所面临的最紧迫问题。

　　在这波新旧金融更替的浪潮中，乐清农商银行踏浪前行，成功地走出了一条"小而美"的差异化经营之路，开启了自创建以来发展最快、发展最好的黄金时期，迎来了业务持续增长、银行健康发展、员工幸福共享、社会和谐共生的大好局面，一跃而起成为全国标杆农商银行。近年来，乐清农商银行的"小而美"模式得到了银保监会、各级政府、上级部门、全国农合机构、农村金融主流媒体等社会各界的认可和支持，前来考察交流的单位络绎不绝。

　　相比于光鲜亮丽的大公司、大银行，玩法超前的互联网金融，作为农村金融小银行的农商银行有什么价值？

　　乐清农商银行在十年的大潮中，有幸掀起了一点浪花。作为乐清农商银行近十年稳健发展的亲历者、思考者、研究者，我们觉得有必要对其做一些记录、总结和探究。首先，对乐清农商银行发展过程中典型人和事的客观记录，不仅可以呈现一个身边的鲜活案例，让大家切实感受到做好农村金融的价值所在，而且可以让大家体会到那些默默无闻的从业者的心血与汗水，共同分享他们的光荣与梦想。其次，对乐清农商

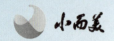

银行在发展模式、经营运作、有效管控经验的系统总结，可以为其他中小银行，特别是农信系统的兄弟行社带来点滴启发，实现共同进步。再次，对当代农商银行成长规律的深入探究，不仅可以厘清普惠金融未来发展的基础逻辑，而且可以丰富理论、指导实践。

潮水退去，留下坚毅的河床。十年间，我国的企业大都经历了好几轮的竞争和考验，对银行来说，2011 年金融风波，2012 年以来的大资管盛世，2015 年以来的互联网转型，2018 年以来的资管新规出台、金融领域肃整、金融去杠杆等，都是大考。本书就是关于乐清农商银行"小而美"模式在众多考验中的选择、做法和思考，是一家成功企业的基本盘和创新法。虽然没有很多时髦的理论，但是却体现出了基本盘的"重"和创新法的"轻"。所谓"重"，体现在战略厚重、文化深邃、匠人精神、同心合力，所谓"轻"，体现在机制灵活、打法创新、管理简单、思辨轻巧。

从整体上看，本书是按照如下的逻辑框架，分别用 8 章来解读"小而美"模式中若干核心主题，即历史发展、竞争战略、业务逻辑、数字化转型、风险管理、队伍建设、文化塑造、持续演化。

本书除第一章概要介绍了乐清农商银行"小而美"差异化经营模式的形成、内涵及成效外，后续章节可以作如下解读：

始于战略。第二章介绍了乐清农商银行是怎样依靠战略成功突围的。长久以来，关于增长的问题受到广泛关注。如果说持续的增长来自连续的正确决策，那么在温州金融风波、残酷的县域竞争、金融改革浪潮中，乐清农商银行持续十年的快速增长，从战略决策上说，绝非偶然。

成于打法。第三章先介绍了乐清农商银行独树一帜的"小资产"业务发展的具体逻辑和特色做法，第四章则介绍了农村金融和科技金融紧密结合、实现银行数字化转型的必然途径，第五章主要阐述了本土化风控理念、技术和体系的设计、实施与成效，第六章则阐述了如何打造一支自带奋斗属性的专业队伍。这几章的内容覆盖了农商银行核心的业务和职能领域，需要精细设计、扎实落地。

终于文化。第七章所介绍的文化塑造，反映了乐清农商银行发展的心路历程和企业家精神。与众多企业的文化特点不同，乐清农商银行从成长实践中总结出独具特色的"舍得、创新、简单、奋斗、无我"文化，用于指导当下的"为与不为"、未来的"变与不变"。实践暂时具体，文化历久弥新。

不断演化。第八章是所介绍的商业模式升级，论述了农商银行"上半场"的"3次转型"，指出了农商银行"下半场"的逻辑变化和未来方向。中国经济进入"下半场"、银行发展出现拐点、2020年突如其来的新冠肺炎疫情等，表明了一个新临界点的到来。乐清农商银行对此所做的及时的、系统的思考，能够为同业提供借鉴。

中国不缺大银行，但缺特色银行。市面上关于银行崛起的图书和案例本就不多，而将现代银行经营和当代管理理论两个主题有机融合的论著更为罕见。"小而美"差异化经营模式是乐清农商银行的原创。本书可以说是当前市面上对农合机构进行系统研究中，首本阐述县域农商行经营之道的论著。

当然，这还只是关于乐清农商银行"小而美"模式的"阶段性成果"。之所以说是"阶段性成果"，不仅因为乐清农商银行的"小而美"经营模式虽然已经取得了较为丰富的实践积累，但是依然处在不断发展之中。而且，就一般商业银行，或者农商银行经营模式的分析，并没有成熟的、被各界广泛接受的经典框架，所以本书的研究和写作也具有一定的探索性。

在本书中，普通读者可以读到一家本土小银行不忘初心、坚定信念、奋发崛起的精彩故事，公司管理人员可以看到战略规划、管理创新、文化引领的深刻思考，银行从业者可以学到小银行业务逻辑、运作管理、风险控制的系统设计。更为具体地是，本书可以为全国2 000多家农合机构、100多万农合人提供一些可资参考的有益经验。

本书是由乐清农商银行与浙江工业大学精诚合作、共同完成的。本书作者中既有行业内的践行者、思考者，也有高等院校的教授、专家，书稿的写作不仅反映了农村金融的专业性，也融合了企业管理的理论性，同时兼顾了可读性。

美国著名政治家和社会学家李普塞特曾说过："只懂得一个国家的人，他实际上什么国家都不懂。"按照这句话的意思，只了解一家农商银行成功的经营之道，实际上无法真正搞清楚如何做好自家农商银行。对于更多农商银行的研究，对于更多特色农商银行的研究，对于更多特色农商银行经营模式的研究是我们特别希望看到的。

目　录

第 1 章　小银行逆袭者

第 2 章　弱者崛起的竞争战略

1

第3章 独树一帜的"小资产"

第4章 实用至上的数字化

第 5 章　宽严相济的风险管理

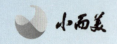

第6章　自带奋斗属性的团队

第7章　知行合一的文化力

第 8 章　持续演化的商业模式

附 录

第 1 章
小银行逆袭者

乐清农商银行创造了"小而美"这样一个独特的全国知名模式。它的"小而美"可以说是做得非常极致的。

——浙江省农信联社党委书记、理事长王小龙

第 1 节　惊艳了同行

1.1　从两篇"震惊帖"说起

在微信自媒体大行其道的年代，一家企业能否"活"在微信上，成了活得好不好的重要指标。让我们从两篇微信公众号的文章说起。

第一篇是 2020 年初某微信公众号发表的《这家标杆农商银行因董事长演讲刷屏了》。该文用"震惊体"描述了这样一家农商银行：

一家不良贷款率不到 1%，60 年累计核销不良贷款仅 4.1 亿元的银行；

一家资本充足率超过 19%，拨备覆盖率超过 600% 的银行；

一家人均创利高达 192 万元，ROA 高达 2.77% 的银行；

一家单一客户贷款集中度不到 1%，最大十家客户不到 5% 的银行。

看到这些指标我震惊了，甚至怀疑是不是数据搞错了。

正如该行董事长所言，"做企业如同长跑，过分追求短期利益往往是饮鸩止渴。要耐得住寂寞，经得起诱惑"。

虽然这家自媒体的语气有点夸张，但是它所报道的这家银行和它的指标，还是引起了很多业内人士的关注和羡慕。

第二篇同样引发"震惊"的文章，是 2020 年新冠肺炎疫情期间，《中国农村金融》杂志官方微信发表的《疫情后农商银行发展逻辑之变》，文章对新冠肺炎疫情后农商银行的挑战和机遇、未来的发展逻辑变化进行了大胆的判断。因为紧跟热点、直指痛点、思考独立，文章在业内引起了不小的波澜，很快就突破了 7.5 万阅读量。这无论是对于金融专业的微信公众号来说，还是对于农商银行题材文章所能达到的阅读量级来说，都无疑是一篇"爆款"。这两篇"震惊帖"涉及的银行，就是位于浙江温州的乐清农商银行，浙江省农信联社所辖的 81 家行社之一。这位以敏锐的触角观察、思考农商银行发展问题的，就是乐清农商银行的党委书记、董事长高剑飞。

1.2 很小，但很美

媒体的报道和传播会受到各种因素的影响。乐清农商银行真的像文章所说的那么好吗？他们关于行业发展的思考真的那么有价值吗？让我们来简要介绍一下这家小银行。

乐清农商银行是浙江省农信联社所辖的一家县域农村金融机构，其前身是 20 世纪 50 年代陆续出现的信用社，1987 年成立乐清农村信用合作联社，2005 年改制为浙江乐清农村合作银行（简称乐清农村合作银行），2014 年 3 月 25 日再次改制为浙江乐清农村商业银行股份有限公司（简称乐清农商银行）。

这家银行很小。作为一家独立法人，相比起国有银行那些"航空母舰"，乐清农商银行只能算是一艘小船，在资本实力、资产规模等方面与国有银行、全国性股份制银行、城商银行等相比天差地别，甚至还有点"土气"。

机构小。2019 年末，乐清农商银行股本金仅 14 亿元，下辖 1 家总行营业部、26 家支行和 30 家分理处，员工也只有 800 人。

规模小。2019 年末，乐清农商银行资产规模才刚刚突破 600 亿元，在浙江农信 81 家行社中仅排名第 8 位，而全国最大的农商银行资产规模则达到 1 万多亿元。

客户小。乐清农商银行 30 万元以下贷款户数占比高达 87%，个人贷款户均仅 27 万元、企业贷款户均仅 141 万元，全行 500 万元以上贷款占比仅 2.11%，1 000 万元以上贷款仅 9 户、2.33 亿元。

但这家银行却很美，在 2011 年温州金融风波中逆势增长，各项指标都非常符合好银行的标准，是那种能让政府部门、专家学者、银行同业眼前一亮的银行。这些指标主要是：

发展速度很快。2011 年以来，在乐清银行机构由 15 家增加至 28 家的背景下，乐清农商银行的存贷规模跃升至温州同系统和乐清银行业首位，存贷款市场份额提高了 12 个百分点。到 2019 年末，存款增量占了乐清全市增量的 50%，贷款增量占了乐清全市增量的 40%，堪称半壁江山。

盈利能力很强。2011 年以来，乐清农商银行的利润平均保持两位数增长，2019 年实际利润 15.5 亿元，人均创利 192 万元，位居浙江农信系统首位乃至全国银行业前茅，累计纳税 30 多亿元。

资产质量很稳。乐清作为温州金融风波的重灾区，2011 年以来，银行业不良率最高达到 4.95%。但乐清农商银行的不良率始终保持在 1% 以下，远低于乐清银行业平均水平。自信用社起家以来的 60 多年里，累计核销不良贷款也只有 4.1 亿元。

应该怎么看这些数据呢？乐清农商银行曾被《银行家》杂志评为"2017 中国商业银行竞争力评价·农村商业银行（资产规模 500 亿元以下）"第 1 名，其盈利水平甚至超过了不少千亿元以上的大型农商银行。

除了这些漂亮的业务指标，乐清农商银行还斩获了很多殊荣。虽然仅仅是一家县域农村金融机构，但是他们所获荣誉的"含金量"却很高。在全国，被评为全国农村商业银行"标杆银行"、全国银行业小微企业金融服务先进单位、全国工人先锋号、全国金融系统思想政治工作先进单位。在浙江，被浙江省人民政府评为浙江省五一劳动奖状、浙江省金融机构支农支小先进单位，被浙江省银保监局评为浙江银行业小微企业金融服务先进单位，连续 9 年被评为浙江农信系统十强银行，近四年经营管理综合指标考核中排名全省农信系统第一。

国务院发展研究中心金融研究所副所长陈道富曾经在实地考察后作出这样的评价：乐清农商银行真正抓住了"信用创造"的金融本质，业务逻辑很有价值。乐清农商银行自金融风波以来能够保持两位数的增长速度是极少见的，成绩辉煌，故事漂亮。

财政部金融司司长王毅（时任温州市委常委、副市长）也曾评价乐清农商银行说："你们的各项经营指标这么优良，颠覆了我对农信社的印象。"

第 2 节　十年磨一剑

财经作家吴晓波把中国过去十年的企业发展史总结为《激荡十年，水大鱼大》。他问北京大学周其仁教授：相比改革开放的"激荡三十年"，这十年的特点是什么？周其仁教授回答："水大鱼大。"

快速增长的十年、大水漫灌的十年，足以将一条小河中的小鱼养成"大鱼"，并长成自己独特的模样。乐清农商银行正是在这十年中成长起来的一条"大鱼"。回溯这段发展历史，故事还要从 2011 年的温州金融风波开始讲起，那时候高剑飞刚刚成为乐清农商银行的新任"掌门人"。

2.1　金融风波与转折点

2008 年国际金融危机爆发后，为了保证我国经济的增长，中央政府出台了 4 万亿元投资计划来刺激内需。在宽松的货币政策刺激下，风险被人们漠视，一些领域投资过热。[①] 一时间，温州的企业家们将资金大量投向风险项目，比如造船业、房地产、金融、煤矿等，以期获得高额的增值回报。由此，各大银行机构的信贷业务突飞猛进，热衷于向大

---

① 张翼飞. 温州市民间借贷危机给我们的启示 [J]. 经济研究导刊，2015（10）：317-318.

企业、大项目发放贷款。业务巨量攀升,风险隐患伴生……2011年秋,温州这座素有"中国民营经济摇篮"之称的城市,被一场罕见的金融风波席卷,它给温州带来的损失巨大而惨烈。

根据温州市中级人民法院的统计,当时温州全市平均每天有近30起民间借贷纠纷产生。到2011年9月底,温州累计民间借贷纠纷案件涉案金额即达50多亿元,有80余家企业老板"跑路"。到2012年2月末,温州涉及老板"跑路"的企业已经达到了234家。[①]

企业倒闭、老板"跑路",这场民间借贷危机让温州的经济快速下滑并"触底",产生的坏账大多要由金融机构承担,相关银行基本确认的损失总额高达1 600亿元。[②]其中,乐清作为温州金融风波的重灾区,危机分布广、跨度大、影响深。当时,乐清银行业的不良率最高曾达到4.95%。

2011年的这场温州金融风波,对温州大多数银行来说都是一场噩梦,成为很多银行"走下坡路"的开始。在其他银行不良率居高不下、业务持续萎缩的时候,乐清农商银行(当时还是乐清农村合作银行)却因为"精准定位、快速转型、持之以恒",开启了它的逆势增长之路。到2019年末,乐清农商银行不良率始终保持在1%以内;资产规模、存贷规模分别是2011年的3.5倍、3倍,相当于再造了2个乐清农商银行;存贷款规模从最多落后排名第1位的国有银行(以下简称A银行)175亿元,到反超其104亿元,跃居乐清银行业和温州同系统首位。

---

① 姚耀军. 2011年温州民间金融危机:多维度下的解读 [J]. 农村金融研究,2012(7):10-15.

② 叶檀. 温州金融风险中的信用溃败难题 [J]. 上海企业,2015(7):54.

温州金融风波是乐清农商银行弯道超车、赶超发展的一个转折点，也是乐清农商银行道路选择的"试金石"。

2.2　从经验到道路

金融风波发生后，乐清农商银行跨越发展的故事正式开始。这是一个不断实践、提炼和总结的过程。

乐清农商银行从业务、风控、管理、队伍等主要领域发力，统一资源、配设制度、创新方法、总结经验，形成了一整套围绕农村市场和小微客户的特色打法，并最终形成了自己的模式和品牌，甚至开始对外输出经营与管理经验。

2015 年开始，为了把实践经验提炼总结出来，传达给客户、员工、股东、社会等，推动银行可持续发展，打造自己独有的经营模式和道路，乐清农商银行将经营哲学和管理文化纳入其中，最终形成了现在这套完整、独特、具有标志意义和示范价值的"小而美"价值体系，他们将所选择的道路称为"小而美"差异化经营之路。

乐清农商银行的"小而美"价值体系包含价值观、生态观和发展观三个核心部分。价值观主要是对三个基本问题的思考和回答，即我是谁？我能干什么？今后怎么干？他们用朴实的语言给出的回答是：姓农姓小姓土、走自己的路、坚持就是创新。生态观主要是对内外环境与行为主体关系问题的回答，包括党的领导、价值引领、员工为本、持续发展四个方面。发展观是"小而美"模式中最基础、最核心的内容，其主体是"123456 发展战略"：

一大战略：坚守主阵地、谋篇外商圈；依托大数据、建设全渠道；创新大零售，构建新生态。

两条底线：发展底线、生态底线。

三个阶段：扩面、提质、增效。

四项转型：发展方式转型、风控体系转型、管理方式转型、队伍建设转型。

五种文化：舍得、创新、简单、奋斗、无我。

六大银行：普惠银行、品质银行、智慧银行、生态银行、幸福银行、百年银行。

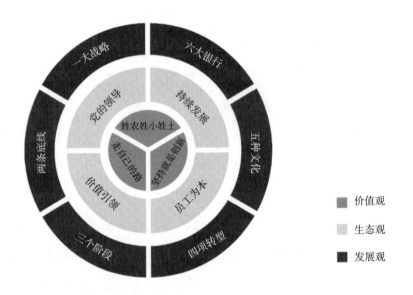

十年，一块粗坯的铁终于铸成了一柄锋利的剑。这套"小而美"的模式，是乐清农商银行十年磨一剑的结晶，是对中国农村商业银行崛起的亲身实践和见证。

农村金融问题专家、南京大学金融工程教授肖斌卿博士评价说："对一家银行来说，选择什么样的经营模式，能不能坚持，能不能做到极致，很体现管理水平。乐清农商银行做出了'小'的模板。"

需要指出的是，乐清农商银行"小而美"模式也是浙江农信系统在发展模式方面最为成功的探索之一，这十年也是浙江省农信联社不平凡的十年，浙江省农信联社进入了发展最好的时期，成为全省网点人员最多、服务范围最广、资金规模最大的地方性金融机构，成为全国第二大省级农信系统。

2.3 引发考察热的品牌

乐清农商银行的"小而美"模式得到了社会各界的认可和支持，从监管部门到各级政府，从新闻媒体到各地同行，乐清农商银行的品牌声誉也越来越响。

在银行系统内，"小而美"模式不仅被写入浙江省农信联社工作报告、党代会工作报告，还被作为典型案例载入《2017 中国普惠金融发展报告》①。2019 年，在浙江农信丰收驿站省级旗舰店乐清专场活动上，浙江省农信联社党委书记、理事长王小龙对"乐清模式"给予了极高评价：

"乐清农商银行在浙江农信系统、全国农信甚至全国中小银行业里面，都是名列前茅的，创造了'小而美'这样一个独特的全国知名的模

---

① 贝多广，等.惠普金融能力建设——中国惠普金融发展报告（2017）[R].中国人民大学中国惠普金融研究院，2017.

式，它的'小而美'可以说是做得非常极致的。它在银行业所创造的盈利水平，跟盈利能力非常厉害的台州银行有的一比。"

除了前面提到的"全国标杆农商银行"等荣誉外，乐清农商银行还曾作为全省金融机构少数几家代表之一，和浙江农信系统唯一一家农商银行代表，出席中国银行保险监督管理委员会正式挂牌以来的首场行业座谈会。

近年来，《中国农村金融》《金融时报》等专业媒体都对乐清农商银行进行了报道和解读。2019年，有媒体在称呼乐清农商银行时，甚至用了"农商'小华为'"这个称号。要知道，那时正是"华为热"和任正非的"苦难哲学"被广为传颂的时候，华为达到了一般企业难以企及的国民品牌高度。抛开媒体言论中夸张的成分，乐清农商银行确实在它的细分领域里做成了一个有目共睹的品牌。

最能说明问题的其实还是同行的认可。从2017年开始，乐清农商银行"小而美"模式引发了全国农信机构的考察学习热潮。为此，该行专门成立了"小而美"书院，负责对内培训、对外交流。前来考察的单位中，既有山东、海南、贵州、黑龙江等地的省级农信机构及30多家办事处、审计中心来"交流"，也有东莞、常熟、昆山、瑞丰等优秀兄弟银行来"论剑"，还有300多家来自全国各地的农合机构来"取经"，甚至吸引了清华大学、中国人民大学、南京大学、浙江工业大学、浙江财经大学、宁波大学等高等学府来考察。与此同时，高剑飞也经常收到讲课邀约，被浙江、江苏、山西、福建、湖南、黑龙江等省农信联社、浙江工业大学EMBA班等请去分享"小而美"模式。

我们换个角度来看，这波考察热其实是乐清农商银行"小而美"模式的输出，是全国农合机构对乐清农商银行"小而美"模式的认可，乐清农商银行开始与那些有自己模式的先进农合机构同台竞技、相互切磋、共谋发展。

第 3 节 "小而美"的基因

前文梳理了乐清农商银行从总结"做小"的发展经验开始，到形成经营模式，到提炼管理哲学，再到形成知名品牌的大致过程。但很多人可能都会有这样的疑惑：是什么让这家银行做出了这样的选择？他们是依据什么来创新自己的"打法"？这样的模式可以被模仿吗？让我们来窥探一下"小而美"背后的深义。

从名词解释的角度来说，"小而美"三个字本来就是对中小企业一种商业模式的统称。乐清农商银行因为"很小但很美"，所以称自己为"小而美"，其实很多人对这种称谓是不以为然的。但是当我们分析乐清农商银行的品牌符号和乐清地域的文化基因时却发现，"小而美"指向了两个精神资源，一个叫普惠金融，一个叫温州实学。

3.1 "让美好无限发生"

2019 年，乐清农商银行推出了"小而美"的品牌标识（见图 1-1）和口号"让美好无限发生"，让"小而美"所代表的精神和内涵"尘埃落定"。

图 1-1　乐清农商银行"小而美"品牌标识

据乐清农商银行介绍,这个品牌符号的创意来自水滴和无穷大"∞"的符号,象征着乐清农商银行"舍得、创新、简单、奋斗、无我"的五大文化。从图标形象来看,圆中有缺象征着大成若缺的智慧,是乐清农商银行舍得文化的写照。符号的线条简单流畅,体现了简单实用的哲学,寓意着大道至简,一以贯之。这颗水滴似滴入大海又似勇立潮头,象征着生生不息的生命力,寓意着大道周而复始的生生之美,体现乐清农商人不懈的创新精神和奋斗精神。最后,以水喻道,商道如水。上善若水,水善利万物而不争,象征着无我、利他的境界。

图标中无穷大"∞"的符号,表示"小而美"虽小却蕴藏着无穷大的能量,加之"让美好无限发生"的品牌口号,整个品牌符号鲜明地表达了普惠金融的理念和内涵。因为普惠金融如水,能够滋润万物生长。老子说,水"处众人之所恶,故几于道",水能够停留在众人都不喜欢的地方,愿意做别人不愿做的事情,利他而内自不求,所以最接近于道。"小而美"从小开始,让美好无限发生,让金融成为了一门利他的艺术。

普惠金融的理念来自诺贝尔和平奖得主、孟加拉国银行家、经济学家穆罕默德·尤努斯教授。尤努斯开创和发展了"小额贷款"的服务,专门提供给因贫穷而无法获得传统银行贷款的创业者。在我国,2013年11月12日,党的十八届三中全会通过的《中共中央关于全面深化改革若干重大问题的决定》提出"发展普惠金融",这是党的文件第一次明确使用"普惠金融"的概念。

普惠金融也是浙江农信的情怀和愿景。浙江农信一直是普惠金融的坚定践行者，率先全国实施普惠金融工程，在浙江省副省长朱从玖的关心支持下，2013 年浙江省政府印发《浙江农信普惠金融工程三年行动计划（2013—2015 年）》（浙政办发〔2013〕99 号）。2016 年 11 月 26 日，中国金融论坛·普惠金融创新发展（浙江）峰会在杭州召开，浙江省农信联社党委书记王小龙在论坛上表示，过去几年，浙江农信是普惠金融的实践者，做了别人不愿做，也做不了，但是社会又必须做的事情。也正是有这样的情怀，浙江农信在普惠金融的道路上成为了赢家。从"十二五"的数据看来，浙江农信做得非常成功，正是因为做小做散才规避了经济波动的风险。2019 年，浙江农信提出了"以人为核心的全方位普惠金融"新定位和"打造全国一流社区银行"的愿景，发起了"中国普惠金融高峰论坛"。在《浙江农信再出发！王小龙：发展以人为核心全方位的普惠金融》一文中，浙江省农信联社王小龙理事长说："站在成立15 周年的新起点上，浙江省农信联社将带领全系统牢牢坚守发展定位，大力发展以人为核心、全方位的普惠金融，着力推动省农信联社深化改革，努力建设全国一流的社区银行。" 也是在这一年，浙江省委书记车俊称赞浙江农信是"做业务最实、与民企最亲、离百姓最近"的银行。

乐清农商银行那些帮助受灾瓜农、雪中千里送贷、向农民发放信用贷款的故事，与尤努斯教授普惠金融所做的事如出一辙。可以说，乐清农商银行"小而美"模式就是浙江农信系统深入践行普惠金融的典型样本，他们始终坚持"支农支小"，以小微客户为对象，把普惠金融做深、做细、做精，为客户、为员工、为社会创造更美好的价值。

在 2018 年公司年会上，乐清农商银行几名员工用一首短诗《让梦生长》表达了他们对普惠金融的心声：

遥望是东海苍苍，
头顶是巍巍雁荡，
我们传承老农信的信仰，
我们是新农商的力量。

岁月守出的边疆，
历经风雨不再迷茫，
坚守大地付出理想。

化作春水一方，
不是虚幻的泡沫越吹越旺，
只做涌流的甘泉辛勤滋养。

谁说向下不是方向，
浇灌月光，让梦想拔节生长！
谁说汤汤只是妄想，
我心潮涨，让梦想浩浩成江！

扎根在"三农"身旁，
服务在创业之邦，

我们把金融普及城乡，

我们让百姓成就梦想。

岁月守出的边疆，

污水浑浊有我涤荡，

长路漫漫有我担当。

化作春水一方，

陪伴了好男儿的天涯勇闯，

温暖了千万家的心驰神往。

谁说向下不是方向，

浇灌月光，让梦想拔节生长！

谁说汤汤只是妄想，

我心潮涨，让梦想浩浩成江！

3.2　温州实学精神

一个人的精神资源和精神结构，决定了他能够走多远。对企业而言，同样如此。从乐清农商银行创新而务实的做法来看，"小而美"模式的形成离不开温州人的务实精神，这是他们在业务转型、模式构建中的思考方式和重要准绳。

乐清的经济传统一直是讲究务实精神的。温州是中国民营经济的重

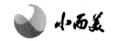

要发祥地，乐清又是温州模式的主要发源地之一。乐清人多数以经商为生，在本地，"中国电器之都"柳市镇孕育了正泰、德力西等多家全国最大的电器龙头企业，在外地，40万乐清人的足迹遍布全国、全球。

著名社会学家、原全国人大常委会副委员长费孝通生前曾三访温州，并将"温州精神"概括为"不甘落后，敢为天下先，冲破旧框框，闯出新路子，并且不断创新"的精神。[①]而追溯这种精神的根源，绕不过温州历史文化中形成于宋代的"浙东实学"。熟悉历史的人都知道，叶适（1150—1223年，温州永嘉人）是南宋三大学派之一"浙东实学"的集大成者。与"程朱理学"和"陆王心学"强调精神和心性的东西显著不同，叶适的实学主张实利、事功，倡导以务实的精神治国，发展经济、工商业、水利事业等。在温州永嘉楠溪江边的永嘉书院里，至今仍摆放着叶适的铜像。

可以说，"温州精神"很大程度上是实学的正脉，也是温州和乐清之所以市场发展、商业繁荣、金融活跃的文化根基，也在很大程度上决定了乐清农商人的思维方式。对于乐清农商银行而言，像温州模式一样务实而又敢为人先的做法，是天经地义的。在本书后续的章节里，我们可以看到，正是这种强大的文化基因，推动着乐清农商银行不断突破传统思维、山海阻隔，依靠本土智慧，打造出一套系统、可行、有效的"小而美"模式，指导着自己行稳致远。

所以说，"小而美"对乐清农商银行来说不只是一套战略、一种模式、一个品牌、一条道路，也是一种有着历史文化基因的精神理念。

---

① 肖龙海，陈银姆.温州精神：创业的温州人 [M].合肥：合肥工业大学出版社，2004.

第2章
弱者崛起的竞争战略

　　乐清农商银行的发展逻辑来源于实际，而且贯彻得很严格、很坚决，配套了很多内部管理机制。这套"打法"逻辑清晰，道理透彻。

　　　　　　　　　　——浙江省农信联社党委书记、理事长王小龙

2018 年 7 月 27 日，国务院发展研究中心金融研究所副所长陈道富
到乐清考察，在听了乐清农商银行的介绍后，对他们的战略转型给予了
很高的评价：

一是很有智慧。乐清农商银行能以"舍"为基础，进行"取和得"，
这个定位有大智慧。二是非常务实。乐清农商银行不在概念上做文章，
管理指标精练到位，这么多年执行下来不变形，对业务逻辑的理解极其
深刻。三是行动力很强。乐清农商银行在明确定位后转型很快，而同期
很多银行还在概念上转型。在阳光灿烂的时候修屋顶很不容易。四是真
正看到了"三农"的"价值"。乐清农商银行的发展，就是和当地小微
经济、"三农"一起成长和转型的故事。

从专家的评价可以看出，乐清农商银行"小而美"模式的兴起不
仅取决于战略制定，更取决于战略执行。美国著名战略家、被麦肯锡公
司称为"战略家中的战略家"的理查德·鲁梅尔特，在他梳理 20 年战
略管理思想的著作《好战略坏战略》一书中，将战略重新拉回本质，并

区分了好战略和坏战略。好战略凤毛麟角，它们简单、清晰、有效，基于调查分析，产生指导方针，并把行动与资源相结合，落地为连贯性的活动。而坏战略则比比皆是，它们停留在空喊口号的层面，不能直面挑战、错误地把目标当作战略，无法有效落地。

第 1 节　差异化：弱者凭什么

战略选择的困难在于，虽然有通用的战略，但是在具体的环境中却取决于有什么、要什么、放弃什么。乐清农商银行的战略定位，首先是在具体情境中制定出来的。

1.1　残酷的县域竞争

说到乐清农商银行的战略环境，我们可以总结为复杂的市场和残酷的竞争。

作为从信用社起家的银行，"支农支小"是国家政策对农合机构的要求，也是农合机构天然的定位，但是具体到每家银行其实并非如此，它们面临的经营环境相差很大，在具体做法上也大不相同。

有位著名投资人在分析阿里巴巴的电商崛起之路与浙江小商品经济的关系，有一个很有意思的发现，他发现存在"五个浙江"：第一个是富饶江南的代表杭嘉湖平原，第二个是历史上三不管、重商轻政的温州和台州，第三个是结合了上面两者的宁波绍兴平原，第四个是交通闭塞、小商贩鸡毛换糖的金华地区，第五个是靠近福建江西三省交汇处的丽水和衢州。① 所以，我们观察浙江农信的 11 个地区（办事处）和 81 家行社时，也要结合地域特色来分析他们的战略选择，而乐清农商银行的战略选择正是基于他们的特定环境。

从乐清经济人文看，乐清"七山二水一分田""十里不同音"，狭长的地貌，孕育出完全不同的经济和民风。高剑飞在一次会议上概括了乐清经济人文特点，他以乐清城区为中心，把乐清分为"东中西"三大板块。他说，东部的特点是藏富于外，东部山区村多、企业少、公共资源少，有近一半劳动力外出，留在本地的多为老人和小孩。中部的特点是藏富于公，中部城区主要是行政事业单位，公共资源多、社区多、村少，多为白领客群、兵家必争之地、各大银行齐聚。西部的特点是藏富于民，西部柳市、北白象等是民营经济发源地，企业多、高净值客户多，家家户户当老板……所以，怎样理解和应对所处的环境，精确选择每个区域的不同"打法"，是战略定位的第一步。

从乐清银行竞争看，乐清的银行竞争非常激烈，现有国有银行、股份制银行、城商行、村镇银行等银行机构 28 家，小额贷款公司、融资担保公司等 10 多家，其他社会上从事民间借贷的公司更加不计其数，甚至连同系统城区兄弟行社都要插足县域市场分一杯羹。

在这样激烈的竞争形势下，乐清农商银行发展面临巨大挑战。在 2011 年末时，虽然存贷规模和市场份额都居全市银行业第 2 位，但距离第 1 位有很大的差距。当时位居榜首的 A 银行具有明显的战略优势：第一，中高端客群基础优势。A 银行聚焦政府、大中型企业、城镇居民

---

① 王志纲：我眼中的马云，记者观察，2019 年 07 期（6-15）.

及企业事业单位职工等客户群体，牢牢占据了政府项目、核心企业和公务员群体的存贷款业务。第二，主渠道优势。作为国有大行，其全国结算优势对于以个私经济为主、本地异地资金频繁往来的乐清人来说十分方便，在乐清城区和集镇地区，几乎人手一张该行银行卡，品牌效益十分明显。第三，普惠金融后发优势。在全国，A银行率先在乐清试点"三农事业部"模式，成立政策研究室，试点金融自治村、生态村等新模式，在农村市场掀起价格战。

从金融风波影响看，前面提到过，大约从2011年4月初开始，温州爆发金融风波，给温州经济造成严重创伤，企业主欠债逃跑的新闻不断被曝出，其中不乏在当地甚至全国都颇具实力的企业。根据中国人民银行温州市中心支行的统计，约有2/3的商业银行受到牵连，商业银行不良贷款率、不良资产率双双上升[1]，而乐清成为了风波的重灾区和旋涡。乐清多数商业银行陷入处理不良资产、业务萎缩的困境，其中有一家银行账面不良率最高达到20%，如果还原出表的不良资产，不良率超过50%，一位该银行乐清支行行长说："我们把在乐清辛苦积累的全部利润都还回去了，而且所有的客户经理都受到不同程度的处分，人心都散掉了。"

而那时的乐清农商银行，还只是一家存贷规模仅200多亿元的农村合作银行，存贷款市场份额15%左右，农户贷款覆盖率10%左右。由于历史发展积累和社会经济现实的原因，乐清农商银行早先的业务基础并不扎实，其战略就是跟着国有银行走，从大行那里分点业务做，客户

---

① 李双杰，关于温州金融事件的调查研究，中债信用增进投资股份有限公司，2011年11月7日．

结构与国有银行没有显著比较优势。乐清农商银行几乎看不到任何赢的希望。

1.2　弱者的战略选择

市场竞争是残酷的，一直被作为农商银行主阵地的农村市场真的"狼来了"，乐清农商银行怎么做才能脱颖而出呢？

在战略选择的十字路口，高剑飞并没有乱了阵脚，他说："竞争就像拔河，关键时候要看谁能稳得住。现在国有银行设立政策研究室专门研究我们，推出金融自治村、生态村等，所有的举措都是针对我们，要是我们自己乱了阵脚，他们的目的就达到了。因此，我们要咬紧牙关、保持定力。"他认为，面对同质化竞争，选择什么样的经营模式至关重要。在这样的形势下，乐清农商银行有"三条路"可选：

第一条路是正面竞争，就是"和他血拼"。

拼实力能否拼得过？乐清农商银行在规模、资源、品牌、科技、成本等各方面同国有银行及全国性股份商业银行都有很大差距，如 A 银行，每逢季末冲存款规模，20 亿元是很轻松的，最高的时候甚至几天内冲 50 亿元，乐清农商银行难以望其项背。

拼价格能否伤得起？如 A 银行息差只有 2.5% 左右，但他们通过全国范围统筹资源、分摊成本，仍然能有较好效益，能够较好地生存；如果换作乐清农商银行的话，这样的息差基本就难以盈利了，没有利润就会出大问题。因此，小法人机构规模小，成本高，光打价格战而带来的息差收窄是难以承受的。正面竞争策略就正中对手下怀，会被活活拖

死，绝非上策。

第二条路是消极回避，就是"光喊不做"。

面对竞争，还有另一种声音，高剑飞说："有的支行在农村市场独家经营习惯了，在竞争意识和能力上明显弱化，总是抱怨总部没有好的作战'武器'，政策、产品、利率都不如他行。好的客户抢不过大银行，差的客户又不敢要，叫得多、行动少，最后很可能被竞争对手攻破农村主阵地。"

据了解，近几年，乐清农商银行平均每年贷款客户流失率达到15%左右，高的时候甚至达到20%，优质客户的选择权越来越大，银行业竞争就如逆水行舟，不进则退，如果没有新的客户增加，就会变成最大的风险。光靠防守是守不住的，不主动经营死得更快，最终坐以待毙。

第三条路是错位经营，就是"换道超车"。

与其坐以待毙，不如另辟蹊径。如果乐清农商银行与国有银行、股份制银行走同样的路，凭借他们的规模和实力，是很难超越的。只有选择错位竞争，才可能实现"换道超车"。只有做到"人无我有，人有我优，人优我转"，才能在竞争极度激烈的金融市场环境中活下来、活得好、活得久。

在乐清农商银行看来，农村金融市场仍然还有很大的提升空间，还是一片"蓝海"，在还有选择和退路情况下没必要主动去加速同质化竞争，否则就是自投罗网，完全可以先把长板做长，短板后补，就算"价格战"真的来了，家底实了，仍然还有后发优势。

过去十年，在错位经营理念下，乐清农商银行的步伐总是先人一步。在各家银行做大企业、大项目的时候，他们转向做个人零售业务。

当各家银行下沉做个人客户中有抵押物、有现金流、成功商人、公务员等"高大上"客户时，他们转向拥抱务农、务工、小商贩等"低小散"客户。当各家银行做集镇房产抵押贷款时，他们做农房抵押、担保贷款。当各家银行做担保贷款时，他们做信用贷款。

差异化是乐清农商银行的一种战略选择，是他们在激烈的县域金融市场竞争环境下，基于深刻洞察机遇和自身资源能力评判下的产物，这其中包含着胆略，也体现了战略远见。乐清农商银行的差异化战略就是采取错位发展，做同行"不想做、做不了、看不到"的业务。这个选择让该行实现了逆势发展和换道超车，在激烈的竞争角逐中"站起来"。

第 2 节　聚焦化：坚守"农小土"

认清自身能力的乐清农商银行，在形成差异化战略后，开始聚焦资源，集中优势兵力攻坚目标市场，在特定市场上进一步寻求竞争优势。作为县域小法人机构，他们制定了一条"姓农、姓小、姓土"的聚焦化发展之路，专心致志在其聚焦的农村市场、传统业务、本土地域中发展与壮大，实现了从乐清众多银行中"富起来"，使这一艘"小河里的小船"在金融风波的惊涛骇浪中傲然挺立。

2.1　青睐农村

从抢占集镇到回归农村。在聚焦农村之前，乐清农商银行跟其他集镇化的银行一样，也曾提出"巩固农村、抢占集镇、力拓城区"的发展

战略。那时候他们认为，城镇化推进会加速人口和财富集聚，集镇和城区存贷款资源会远多于农村地区。因此，一度把部分农村及城郊结合部的网点从四面八方向集镇、城区靠拢，重兵布局集镇和城区。

但随着银行同质化竞争日益加剧、市场日渐饱和，集镇和城区市场很快出现以下问题：一是成本高，集镇和城区网点租金远远高于农村，动辄需要上百万元费用，而投入产出却不一定比农村网点高。二是竞争多，各大金融机构在集镇和城区都有布局，竞争更加激烈，且集镇和城区客户大都在多家银行有存贷款业务，议价能力较强。三是风险大，集镇和城区客户融资选择较多，投资渠道比较丰富，容易发生过度融资风险。

直到2011年，乐清农商银行才重新重视农村市场的价值，明确提出了农村战略"坚守主阵地、谋篇外商圈。"高剑飞说，农村是一块风水宝地，要坚守农村、扎根农村、深耕农村，不断扩大农村市场覆盖面，并及时作出了策略调整。首先，让机构下沉。原先往集镇、城区靠拢的网点，重新撤回农村或城郊结合部。其次，让人员下沉。对于部分网点暂时不能撤回的，推行网格化管理，新增客户一律不得跨网格贷款，倒逼营销人员深耕农村网格；同时新入职员工、干部提拔必须到农村网点锻炼。最后，让资源下沉。信贷资源向小额贷款客户、回报率高的贷款客户倾斜，鼓励农村地区加快信贷投放，加大支农支小力度。

从价值洼地到价值高地。乐清农商银行对"农"的理解不是狭义的："农村是一个广义生态"。在村镇，农民既可能是粮食种植户，也可能是铁皮石斛、域外西瓜等特色种植户，还有可能是大鲵养殖户，或者"田园综合体"经营户。在城镇，农民可能是乡镇干部，也可能是当地企业主、小商户；在城市，农民可能是外来务工人员、新乐清人，可能是城中村或城乡结合部的拆迁户；在外地，农民可能是外出经商的在外乐清人，也可能是读书的大学生。

正是这么大的一个"三农"市场，并且又是战略空白地带，其价值也是难以估量的。不仅如此，乐清农商银行还看到了农村城镇化、乐清农民商人化的"风口"。一个是"三农"政策的风口。2003 年，中央坚定不移地推进农村信用社深化改革等一系列重要改革，出台多项扶持政策，加快农村金融创新发展。2004 年以来，国家每年发布一号文件聚焦"三农"问题。2017 年 10 月，党的十九大报告中提出乡村振兴战略，让农村成为国家资源投入的"聚焦地"。另一个是农村金融市场的风口。中国社科院 2016 年发布的《"三农"互联网金融蓝皮书》显示，自 2014 年起，我国"三农"金融缺口超过 3 万亿元。随着农村经济的不断发展，农民生活水平的不断提高，农村居民在造房、购房、看病、教育和办厂等生活性、生产性方面的资金需求越来越大。在民营经济率先发展起来的乐清，农民更早地就开始了追求扩大再生产、高层次消费和高品质生活。

如今站在 2020 年回头看，或许会对这份"看见"又多一些理解。在这些年中国城镇化的洪流中，人们焦急地逃离农村、脱离农民的身份，大家的眼里只有一线、二线城市，农村和县域是被遗忘的。直到近两年，互联网流量红利消退、存量竞争开启后，企业和媒体才突然发现，所谓的农村和县域下沉市场竟然如此巨大，拼多多、快手已经从农村包围城市，华莱士汉堡、雅迪电动车已经悄然无声地走向了全国。其实，这个崛起的名单里，也应该包括曾经毫不起眼的农商银行。

乐清农商银行战略调整后，还有部分员工的观念并没有随着战略的

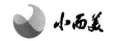

确立而转变。他们觉得农村市场成本高、风险大，是个"没人要"的市场、没有需求的市场。因此，在战略实施的过程中，为了让员工更好地把战略贯彻落实到位，高剑飞在很多会议上向员工提到："农民是最守信用的""只有企业家跑路，没有农民跑路""农民没有资产，没有数据，唯一剩下来的就是信用""企业有经济周期，但农民是基本不受经济周期的影响，是最稳定的""农民同样也是最具成长性的，贫穷是让人持续艰苦奋斗的动力，贫穷时尊严成了最坚韧的底线"等。

事实证明，2011年温州金融风波以后，乐清农商银行农村地区网点的业务发展速度、网点效益、资产质量都远远好于集镇和城区。

2.2 不偏离主航道

2012年左右，随着"大资管盛世"的到来，投行、资管等业务成为很多银行规模和利润增长的主要来源。很多农商银行加大了杠杆，也想抓住这波政策红利的尾巴，不想错过"资产盛宴"，有的还在北京、上海设立了金融市场中心，不惜花重金吸引一线城市的金融尖端人才，借机快速做大资产规模。

站在传统和创新的十字路口，乐清农商银行被推到了"风口浪尖"，很多人劝说高剑飞要抓住这波"行情"，有可能马上再造几个乐清农商银行，他们认为，乐清农商银行在浙江农信系统规模和实力也不错，有条件有能力大力发展新兴市场。但高剑飞始终认为："新兴金融市场水太深了，国有银行和全国性股份制银行有专业团队研究，这些人才都是业内资深的博士、海归。而我们作为农民银行、草根银行，'智商'不高，没有这样的团队和能力到新兴市场上去混。"

在各大银行激流勇进、大举进攻新兴业务市场的时候，乐清农商银行提出了"以传统业务为主、新兴业务为辅，一保一控二转三严"的"保守"打法："一保"就是保流动性。资金业务回归银行流动性管理的本源，严守流动性的安全底线。"一控"就是控杠杆率。主动降低同业负债规模，杠杆率控制在 1.2 倍以内。"二转"就是自营投资策略由委托投资转为自主投资，由线下交易转为线上交易。"三严"就是严格业务准入，制定资金业务准入标准及名单制管理，建立黑名单制度；严控操作风险，成立投资管理委员会，明确分层授权制度，前、中、后台三线横向审批；严格投资管理，确保所投资产风险的"可识别、可评估、可监测、可控制"。

2016 年开始，在严监管和市场逐渐回归理性的背景下，互联网金融迅速陨落，P2P 提前退出了历史的舞台。2018 年，资管新规出台、金融领域肃整、金融去杠杆，银行频频踩雷。银保监会明确提出不得在外设立"金融市场部门"，已经设立的要求马上回撤。事实证明，出来混迟早是要还的。正像互联网上流行的一句话："站在风口上，猪都会飞。但风过去了，摔死的都是猪。牛市的时候谁都觉得自己是股神，只有在浪潮退去后才知道谁在裸泳。"

华为任正非是管理方面的"哲学家"，他强调说，战略、战略，就是略了才有战略集中度。只有敢于放弃，才有明确的战略，集中精力，才能打歼灭战。经营企业如同下棋，赢在舍得，重在谨慎。一招不慎，满盘皆输。只有潜心做好自己，命门掌握在自己手上，才能实现长期价值，才会具有持续的生存力。作为县域小法人机构，乐清农商银行认清

了自己，也就有了相应的战略，最后在这波危机中全身而退。

2.3　不把战线拉太长

由于农商银行经营区域限制，发起设立村镇银行是农商银行抢占市场、扩大规模、跨区域经营、实施多元化发展的途径之一，很多金融机构很早开始布局设立分支机构或村镇银行。2006 年 12 月银保监会（原银监会）放宽农村银行业金融机构准入政策，2010 年 6 月 8 日，由温州农信系统行社发起的福鼎恒兴村镇银行在福建福鼎开业。这是温州银行业首次跨出温州走向外省设立村镇银行。2012 年 3 月 28 日，国务院总理温家宝主持召开国务院常务会议，决定设立温州市金融综合改革试验区。"十二条"改革路径中，就有一条提出，"鼓励和支持民间资金参与地方金融机构改革，依法发起设立或参股村镇银行、贷款公司、农村资金互助社等新型金融组织，符合条件的小额贷款公司可改制为村镇银行。"随后温州共有 4 家农商银行发起村镇银行。

在温州金融改革的背景下，乐清农商银行班子面临巨大压力，当时很多人质问为什么不利用这个有利的时机入局，质疑他们创新不够，魄力不够。并且还提出至少三点设立村镇银行的好处：首先，有利于在外乐商维护。乐清有 40 万在全国各地创业打拼，创造的 GDP 远远高于本地，村镇银行能更快更好打开市场。其次，有利于多元化经营。银行混业经营是大趋势，村镇银行的牌照也是稀缺资源，过了这个村可能就没这个店了。最后，有利于成长为全国性银行。像台州、泰隆银行一样，把现有模式快速复制，实现规模化经营。在当时，讲得都很有道理。

但高剑飞还是坚持自己的想法，他说："设立村镇银行好处很多，但并不适合我们。第一，战线太长。我们到域外创办村镇银行，不是我们熟悉和擅长的领域，目前农村主阵地空间都还很大，还需我们精耕细作，双线作战很可能捡了芝麻丢了西瓜。第二，管理太难。发起设立一家村镇银行，最少要派出董事长、风险官、财务官三个人，会削弱本土力量，出现本部空心化，破坏现有的生态。第三，成本太高。除了投入大量资本、固定成本外，还要有运营系统和科技团队。"

在考虑上述因素以后，乐清农商银行一直没有选择跨区域经营模式，没有在异地设立分支机构或村镇银行，因为跨区域经营模式并不适合乐清农商银行，搞不好还会有声誉风险，不如老老实实地深耕本土。过去十年，正因为没有长线作战，乐清农商银行本地业务做得风生水起。

乐清农商银行实行"聚农、聚小、聚本土"的聚焦战略，没有盲目跨界和跨区经营，这背后体现的是战略的定力。通过对"农小土"市场的重新认识和价值发现，大胆舍弃非"农小土"的市场，集中资源，用心经营，做到"力出一孔"，形成了战略上的竞争优势。保持竞争优势是企业赢得市场的关键，是战胜对手的法宝。乐清农商银行的聚焦战略，帮助其赢得了"农小土"市场，并建立起自身的核心竞争力。

第 3 节　共生化：走向新生态

"生态化"时代来了。"打群架"，是网络上对"生态化生存"的通俗说法。"生态化"的范例，远有 Google、Facebook，近有 BAT，不新鲜。

这一商业形态开始对所有的企业提要求——为了更好更安全地生存，有两个选择：要么做出一个"生态"，成为"群架"的组织者；要么加入到某个"生态"中去，成为"群架"的参与者。

从乐清农商银行的崛起战略看，差异化战略让他们"站起来"了，有了一套清晰的"打法"；聚焦化战略让他们"富起来"了，画出了一张清晰的市场"版图"；而共生化是强行战略，前章该行的"一大战略"明确提出了"创新大零售、构建新生态"的战略，而其"六大银行"愿景中也提到了要打造"以合作共享为第一原则的生态银行"。乐清农商银行很早就在思考从差异化、聚焦化生存向生态化生存转变，致力于打造农村金融新生态，成为这场农村金融"群架"的组织者。

3.1　价值体系的演进

早几年，乐清农商银行的企业文化没有形成一个体系，缺乏内部的文化传递系统，缺乏持续的理念依据，缺乏对战略与核心竞争力的思考，缺乏文化的牵引与约束，缺乏更高的精神追求，缺乏良好的文化继承与创新机制，也缺乏统一的文化基因。

浙江省银保监局农金处一位处长在考察乐清农商银行"小而美"差异化经营之路时，非常赞赏乐清农商银行的经营模式，但他抛出了这样一道考题。他说："商业银行监管评级实施以来，全国农合机构迄今为止监管评级没有超过 2B，最主要的原因就是小法人机构在公司治理层面不健全，容易发生内部人控制，很大程度上受'一把手'经营思想的左右，'一把手'一变往往就会推倒重来。"这位处长的点评对高剑飞启发很大，让他决心去打造一整套"小而美"价值体系能够让"小而美"模式更好地传承下去，这套价值体系主要包括"小而美"发展观、生态观和价值观。

发展观："小而美"价值体系之骨

"一大战略"即坚守主阵地、谋篇外商圈；依托大数据、建设全渠道；创新大零售，构建新生态。这是"小而美"发展观的硬核。

"两条底线"即发展和生态底线。发展底线包括：支农支小的客户底线、合规经营的风险底线、资产为王的效益底线；生态底线包括信用、合作、担当底线。这两条底线是"小而美"发展观必须遵循、不可突破的高压线。

"三个阶段"即扩面阶段、提质阶段、增效阶段。这是"小而美"发展观永恒的主题。

"四项转型"即发展方式、风控体系、管理方式、队伍建设转型。这是"小而美"发展观的引擎，是发展的"术"。

"五种文化"即"舍得"的战略文化、"创新"的经营文化、"简单"的管理文化、"奋斗"的队伍文化、"无我"的"三农"文化。这是"小而美"发展观的精髓，是发展的"道"。

"六大银行"即以服务"三农"为第一使命的"普惠银行"、以区域领先为第一目标的"品质银行"、以金融科技为第一驱动的"智慧银行"、以合作共享为第一原则的"生态银行"、以共生共荣为第一价值的"幸福银行"、以行稳致远为第一宗旨的"百年银行"。这是"小而美"发展观的愿景。

在"小而美"发展观的引领下，乐清农商银行厚积薄发，逆势而上，

在温州银行业遭受民间借贷危机重创下，实现了历史上发展最好最快的十年。

生态观："小而美"价值体系之神

企业生命周期每一个阶段的转折点都暗含"生的新机"（健康成长）与"死的陷阱"（经营失败）。2011 年的金融风波是一个关键的契机，乐清农商银行精准地抓住这一契机开启转型变革，顺利地避开金融风波的冲击，在"小而美"道路上快速前进，实现了"换道超车"。

然而，乐清农商银行在高速发展阶段，靠的是物质激励、资源投入和行政推动，许多指标已经到了极致，在旧的发展生态上碰到了瓶颈。高剑飞又进一步提出，要开启"小而美"高质量发展的新征程，构建"党的领导、价值引领、员工为本、持续发展"的"小而美"高质量发展新生态。

高剑飞认为，发展和生态是乐清农商银行的两条底线，发展与生态相辅相成。业务不发展，薪酬没保障，品牌没有影响力，就无法凝聚人心和战斗力，不能形成好的企业生态；反之，没有好的企业生态，内部恶性竞争、案件风险、客户投诉都会制约企业的健康发展；乐清农商银行既要发展，也要生态，生态好发展才能更好。

随着形势的变化，"小而美"模式也在因势而变，与时俱进。为了让这条路走得更长、走得更稳、走得更久，"小而美"生态观强调为客户谋利益、为员工谋幸福、为社会谋价值，真正打造百年老店，实现基业长青。

价值观："小而美"价值体系之魂

价值观影响着企业战略的选择和各项行动的落实。"我是谁，我来干什么，我要到哪里去？"这是个千古永恒的哲学之问。对于企业来说，其实同样存在这样的问题。企业如何给自己定位，如何选择自己生存的方式与发展的方向，弄清这些问题，企业才有可能进入一个前程无量的自由王国。乐清农商银行的答案是：姓农姓小姓土、走自己的路、坚持就是创新。价值观是"小而美"体系之魂，是乐清农商银行这些年经营过程中一直信奉和坚守的，深深扎根在乐清农商银行包括差异化、聚焦和共生等三种战略形态和具体的战略执行体系之中。为了让价值观在全行员工中生根发芽，高剑飞在"不忘初心、牢记使命"党课上进一步强调：

守初心，始终铭记我是谁。对照中国共产党"为中国人民谋幸福，为中华民族谋复兴"的初心和使命，进一步明确乐清农商银行的初心是"姓农、姓小、姓土"，姓"农"就是服务"三农"、姓"小"就是服务小微、姓"土"就是服务本土。

担使命，始终牢记我来干什么。进一步明确了乐清农商银行的使命就是为客户谋利益，为员工谋幸福，为社会谋价值。做到利社会、利客户、利员工，始终把平台当作事业来做。

再前进，始终谨记今后怎么走。要用思想境界走"小而美"的光明之道，坚持党的领导，坚持底线思维，坚持道路自信。要用发展境界走"小而美"的有为之道，要有担当之勇、担当之智、担当之为。要用生态境界走"小而美"的无我之道，相信方能看见，坚守方得始终，利他方会走远。

"小而美"价值观彰显的是一种情怀，没有理想的企业，是没有未来的；是一种精神，找到正确的道路但不坚持，理想也不会实现；是一

种担当，没有实干精神托起理想，理想也会变成空谈。

如何看待"小而美"价值体系？"小而美"发展观是"四梁八柱"，决定了乐清农商银行的发展格局。骨架决定了一个人成长的高度和宽度，筋骨强的人才健康有力。"小而美"生态观是"精气神"，决定了乐清农商银行的发展境界。精气神决定了一个人成长的深度和广度，精气神好的人才有人格魅力。"小而美"价值观是发展之魂，引领乐清农商银行的发展方向。灵魂决定了一个人成长的明度和亮度，灵魂美的人才有神采气韵。精神之光没有点亮，就像在黑暗中的盲人，没有灵魂指引就会迷路。

"小而美"价值体系体现了乐清农商银行的道路自信、文化自信、制度自信和理论自信。

3.2 打造命运共同体

生态位，是传统生态学中的概念，指的是每个物种在生态系统中占据的角色、地位和空间。企业同样也是附着于生态系统进行生存的，这个生态系统，小到社区和客户，大到国家和政府，内到员工心理，外到品牌声誉。

乐清农商银行不仅在农村金融市场中牢牢占据了一个生态位，从腰部企业成长为头部企业，还采用了共生战略，在企业的内外环境中逐渐提高了自己的生态位，与客户、政府、社会和员工形成了一种命运共同体。这些年来，乐清农商银行致力于多层次的生态体系建设，精心打造"和美"的微观生态、"和合"的中观生态和"和谐"的宏观生态，这为乐清农商银行的持续发展奠定了坚实的基础。

"和美"的微观生态，为员工谋幸福。进一步培育构建"让有理想的人成长、让想创业的人成功、让肯奋斗的人幸福"的员工生态。乐清农商银行把员工作为最重要的资产投资，将银行的长远发展和员工的个人利益有机结合。该行通过股份、忠诚基金、孝心基金、期薪、年金，让员工少有所盼、老有所依，员工薪酬在当地极具竞争力。在该行，员工具有较高的获得感、幸福感、安全感，人员流动率极低。

"和合"的中观生态，为客户谋利益。一直以来，乐清农商银行倡导"客户第一、员工第二、股东第三"的价值理念，始终把客户放在第一位。高剑飞说："正因为有 150 多万户的存款客户、100 多万户的中间业务客户、12 多万户的贷款客户，'小而美'道路才能走到现在这样的高度，我们的单位才有这么多的荣誉，我们的员工才有这么好的待遇。"过去十年，他们致力于构建"基础金融不出村、综合金融不出镇"的普惠愿景。目前乐清每 10 位老百姓就有 8 位是乐清农商银行的客户，每 2 户家庭就有 1 户与他们授信签约。他们承担了全市 2/3 的涉农贷款、1/4 的小微企业贷款。在经济下行、台风肆虐、新冠肺炎疫情等灾难之后的发展中，涌现出很多雪中送炭的案例。

"和谐"的宏观生态，为社会谋价值。以利他精神和情怀，积极投身社会治理体系和信用环境体系建设。过去十年，乐清农商银行虽然不是国有银行，但是已经成为政府眼里的"自己人"。2011 年以来累计纳税 30.44 亿元，税收贡献持续位居全市银行业首位。积极投身各类慈善事业，累计赞助及捐款超过 5 000 万元。比如，2019 年初捐赠 1 500 万元，成立乐清市民营企业纾困基金，帮扶全市部分经营困难民营企业。捐赠 1 000 万元与乐清市法院共同创立了"豸爱基金"，开创了社会资

金、慈善力量参与司法救助的新模式，形成了慈善与司法良性互动的新格局，它的成立及运行受到了中央政法委的肯定，并记入了改革开放40周年重大成果展。承担了全部政策性免费代理业务、全部的政策性扶贫贷款和薄弱村扶持工作等。

在多年的普惠金融事业中，乐清农商银行的生态版图逐渐扩大，生态土壤更加丰厚。正如高剑飞所说："循生生之道，成生生之美，让'小而美'从一棵树，长成一片森林。"他们的"生态位"骨架已经基本成形，就是打造"乐清人自己的银行"，打造农村金融命运共同体。这是一场"人心"战役，赢得人心的战场，是战略成功最重要的标准之一。

3.3 企业家的坚守

银行就是企业。企业成长是一个规模扩张与边界延伸、资源利用与能力发挥、制度建设与结构调整、生命演进与生态互动的动态过程。要实现企业的顺利成长，不仅需要多方面条件的营造，还需要企业家的坚持，这就是战略领导力。有人曾提出过一个"献给浮躁的年轻人的大树理论"，指出成为大树需要满足"五个条件"：时间、不动、根基、向上长、向阳光。在中国，但凡作出自身特色和骄人业绩的银行，都有一个长年执事的领袖。比如，"零售之王"招商银行的马蔚华担任行长14年，"小微之王"民生银行的董文标在该行任职19年，"宇宙第一大行"中国工商银行的姜建清一直在该行干了37年。这从一个行业对"大树理论"作出了注解。

在乐清农商银行，高剑飞以36年的坚守，从一个基层柜员成长为董事长，一路见证了乐清农商银行的发展和壮大，在变迁中坚守、艰难中突破、崛起中奋进。面对各种压力、各种诱惑、各种阻碍，他系统思考、从容布局、坚定执行，将乐清农商银行从一家县域小法人机构，打造成知名的行业标杆。也正是他的战略能力和领导能力让其荣获全国金融系统文明建设先进工作者、全国金融系统思想政治工作先进工作者、浙江农信"奋斗者"、浙江银行业小微企业金融服务"十大领军人物"、温州市优秀企业家等荣誉。

乐清农商银行持续十年的快速增长绝非偶然，它来自持续正确的战略决策。这种战略能力的背后，离不开企业家的战略担当和坚持。事实上，十年间乐清农商银行还进行了三次重大战略转型，每一次转型都离不开掌舵者"在阳光灿烂时候修屋顶"的战略担当和坚持。

高剑飞在 2019 年公司年会致辞里道出了他这十年来的心路历程：

十年立业，筚路蓝缕，一路芳华一路歌。我们一起走过波澜壮阔的十年，走出了一条差异化的创新路。这十年，业务逆势增长，质量独善其身，效益行业领先，"小而美"道路生机焕发。这十年，渡过金融危机，跑赢市场同业，跻身全国标杆，"小而美"品牌不断升华。这十年，普惠更有广度，品质更有深度，生态更有高度，"小而美"文化遍地开花。

十载同行，风雨兼程，只为与理想相拥。"小而美"之路，源于姓农、姓小、姓土的初心。无论转型路口的迷茫，还是舍大求小的压力；无论规模情结的冲动，还是外设机构的诱惑；无论走自己路的坎坷，还是坚守本源的寂寞，都没有改变我们的初心。"小而美"之路，根植于为客户谋利益，为员工谋幸福，为社会谋价值的使命。这是值得为之奋

小而美

斗一生的事业！（节选）

　　某农村金融报刊记者发表了一篇题为"问道发展：坚持就是最好的创新！看这家农商银行如何打造'小而美'标杆银行"的文章，感慨说"小而美"小世界有大境界。他说，在一问一答的专访过程中，切身感受到了这家银行与众不同的气质，对眼前这位"掌门人"生动活泼的经营哲学和企业之道有了深刻的感悟。"言谈间，感触最深的还是那份战略的坚持"。在记者看来，这或许就是引领乐清农商银行在金融风波中平稳着陆，穿透市场阴霾，成功实现从"地方小银行"到"行业新标杆"完美蝶变的"玄妙"所在。

　　乐清农商银行的共生战略是其差异化战略和聚焦战略的升级版，这跳出了传统的竞争思维，寻求协同共生，以更好适应互联网时代变化和挑战，有利于塑造乐清农商银行的战略大格局。共生战略，不是关注自己拥有多少资源能力，而是看你能连接、聚集多少资源能力，构建生态圈，与生态伙伴们同呼吸，共命运，形成更大的能量场。

　　从"差异—聚焦—共生"的战略演进过程看，乐清农商银行用自己的行动诠释了"战略突围—战略优势—战略升华"的"小而美"战略之道。这非常契合中国传统易经的三大思想：变易、简易和不易。变易，适应环境变化，及时进行战略转型，寻求差异化；简易，从纷繁复杂的经营形势下找到适合自己的路，敢于舍弃，由简入手，聚焦"农小土"，发挥自己所能，做到极致；不易，尽管时代发生变化，但乐清农商银行自身的使命追求不变，初心不改，通过生态化生存，合作共享，协同共生，在"利他"中追求"无我"，只有这样才能走得更远。

第 3 章
独树一帜的"小资产"

远离"高大上",拥抱"低小散";不要"白富美",坚持"小而美"。

——高剑飞

众所周知,"存款立行"一直以来都是商业银行的主旋律,银行的战略、管理和业务重心均围绕存款做文章。然而,这个逻辑并不是一成不变的,资产负债是一体两面,当政策红利消失后,商业银行的负债成本急剧上升,要保持负债规模的增长,必须要有有效资产。因此,"存款立行"与"资产为王"并不是一个取舍问题,而是一个先后问题。是资产带动负债,还是负债带动资产?在这个问题上,乐清农商银行坚定地站在了"资产为王"一边。

综观过去十年,乐清农商银行已经在资产业务,尤其是零售资产业务上探索出了一套自己的发展逻辑,并在县域市场这片"小空间",闯出了一片"大天地"。2019 年末,该行零售信贷业务占比超过 90%;贷款客户数 12 多万户,其中 30 万元以下贷款户数占比高达 87%;个人贷款户均仅 27 万元、企业贷款户均仅 141 万元,500 万元以上贷款占比仅 2.11%,1 000 万元以上贷款仅 9 户、2.33 亿元;人均创利 192 万元,资产收益率 2.77%。

耀眼成绩的背后正是乐清农商银行十年来在坚持"资产为王"的同时,坚持"做小不做大",与其他银行错位竞争的结果。在大部分商业

银行难以割舍"规模情结""速度情结"的背景下,他们不走寻常路,并且一路走到黑。

2018年2月26日,温州市副市长殷志军到乐清农商银行考察,在听取了乐清农商银行汇报后,他对该行的小贷模式高度评价道:"我从事和分管金融工作多年,一直在探索和思考农村金融和普惠金融应该有的模式,今天在乐清农商银行身上终于找到了想象中的答案。"并在随后乐清农商银行报送的专报信息中作出批示:

乐清农商银行多年来坚持服务"三农"和小微企业的市场定位,创新"普惠式信贷模式",通过规模效应、链式效应和杠杆效应助力乡村振兴,有效扩大农村金融覆盖面,充分发挥金融在乡村振兴中"四两拨千斤"的作用。

这就是乐清农商银行过去十年独树一帜的业务发展逻辑,该行基于对资产负债、客户群体、主流市场、自身资源的深刻洞察和精准定位,并集中优势兵力重点击破别人看到了,但不想做、不愿做、不敢做的"小资产"。

第1节 断臂突围,涅槃重生

说起银行,很多人都会想到"嫌贫爱富",乐清农商银行选择"做小不做大"在当时是"非主流",很难被同行和内部员工所理解。乐清农商银行选择"不做大"并不是拍脑袋决定的,而是为了集中资源更好地做小而主动采取的"断臂"突围。因为他们清楚，只有破釜沉舟，才能心无旁骛。

1.1　小马不拉大车

温州金融风波前夕，各家银行热衷于放贷给大企业、大客户。在银行业的普遍观念里，做大企业、大客户盈利更快，曾经的乐清农商银行也疯狂过。乐清是全国民营经济的发源地，是全国工业百强县，当时，乐清市规模以上工业企业 913 家，其中国内民营 500 强企业 11 家。而作为"乐清人自己的银行"，乐清农商银行也支持了部分当地的明星企业，大额贷款集中度最高的时候，500 万元以上、1 000 万元以上的贷款占比分别达到 45%、19.61%。

但与大企业交往的过程中，乐清农商银行可以说是"吃尽苦头"。首先，融资要求过高。企业主胃口很大，1 000 万元的贷款对乐清农商银行而言是大额贷款了，但对这些企业主不过是杯水车薪。其次，信息不对称。由于乐清农商银行贷款占大企业融资总额比例小，企业主根本不把他们当回事，对该行所要求提供的授信资料也是爱理不理，沟通成本高，并且信息不够透明。最后，风险难以控制。相比国有银行和全国性股份制银行健全的风控体系，乐清农商银行的风控技术以及基层信贷人员的风控能力还无法对大中型企业的经营状况进行准确分析判断。

这个现象背后隐藏了巨大的风险。当时，一家申请贷款的企业年产值约 2 000 万元，但是实际融资却将近 2 亿元。"那时候，那些人真的很疯狂，皮剥了都是胆。"处理这笔贷款申请的支行行长回忆道。

当时该客户的贷款额度为 1 400 万元（抵押物约值 5 000 多万元），但是企业声称如果不追加到 5 000 万元，就立刻拿走抵押物。乐清农商银行权衡了其中的风险和利害，于是决定撤出贷款，退回抵押物，将该企业授信改为保证贷款 500 万元，要求其承诺保证贷款逐步压降退出。几年后，这家企业因为过度融资、资金链断裂倒闭，与这家企业有联系的其他企业以及涉及的银行都受到了不同程度的牵连，而乐清农商银行因退出早而未受到影响。

通过这一系列事件，高剑飞从中悟出了门道，大企业、大客户不是乐清农商银行的"菜"，拉不来、养不起、也留不住。

首先，拉不来。大企业、大客户普遍自视甚高，拉起来难度很大、代价很高。乐清农商银行资源有限，即使想做大，也只能从大行分到"残羹冷炙"，不可持续。

其次，养不起。即使拉过来，但就像穷书生和富家千金，门不当户不对，想养也养不起。而且大额贷款一旦出现风险，对乐清农商银行的影响就是致命性的。

最后，留不住。很多乐清的明星企业创业初期都是乐清农商银行支持的，他们被扶持长大后，在金融服务上提出更高的要求，后来都因为满足不了，想留也留不住。

因此，做大不是不好，主要是因为承载不了。从短期看，这些客户能够短时间带来业务高速增长，但从长期看，维护成本高、集中度风险大。长痛不如短痛，乐清农商银行当机立断，下定决心战略转移。在"新客户怎么进、存量客户怎么退"上，乐清农商银行定出了几条原则，在当时看来非常简单也很有效果。

（1）对新拓展的贷款客户设置一定的准入条件，根据一定的积数要求，确定是否建立信贷关系；（2）坚持"三不进"原则，对3家银行以上（含）融资的贷款客户不予进入；（3）对保证贷款金额大的贷款客户不予进入，个人与企业保证贷款余额要分别控制在200万元与500万元以内；（4）对存量集中度高、风险大的大额保证贷款进行逐步压降，尤其是退出非乐清农商银行基本结算户的贷款。

据统计，温州金融风波中贷款出险的大部分是大企业、大客户，乐清农商银行正因为"不做大"，逃过一劫。每当回忆起当时的决策，高剑飞都会很风趣地说："幸亏当时逃得快，稍微犹豫的话，就可能陷进去了。"

1.2　聚沙也能成塔

当上帝关了这扇门，一定会为你打开另一扇门。选择"不做大"具有双重意义，除了让乐清农商银行在金融风波中幸免于难外，也悄然为其打开了一扇"小而美"的门，让他们把所有的精力都投入在"做小"上。

然而，这个决定在当时受到了很多人的质疑，备受非议。在内部，有的人认为这样做业务身段太低、见效太慢、投入产出不匹配，有的人

认为这条路走不了几年，有的人认为要抓小不放大、不能走极端等。在外部，如在浙江省农信系统首届创新大赛上，有一位专家也质疑乐清农商银行，"做小"的银行往往是不美的，银行是讲究规模效应的，小额贷款很难做大规模。

在外部质疑、内部动摇、最为迷茫的关键时刻，高剑飞在会议上给出了自己的"答案"。

高剑飞用四句话向员工表明了乐清农商银行为什么要坚持做小的理由：

一是做小空间巨大。乐清个私经济活跃，全市共有注册小微企业1.9万家，个体工商户总数3.8万户，农户36万户，还有40万乐清人在外创业，大部分人很难得到有效金融服务，小额贷款市场空间很大。

二是做小基础扎实。乐清农商银行体量小，不能老是想一口吃成胖子，否则就会消化不良，只有依靠千家万户发展起来的业务才能够四平八稳、细水长流。

三是做小风险可控。做小就像在游泳池里游泳，淹死的概率不大，而且小额贷款逾期损失率低，小额贷款就算出险也比大额贷款容易化解。

四是做小能力匹配。做小既是由农商银行的定位决定，也是由农商银行队伍的能力决定。乐清农商银行在做大客户、大项目的专业能力上十分欠缺，很难把控大额贷款风险。

当然，对于如何做小，他提出了"三个必须"：

一是必须更小。只有把贷款越做越小，才能分散风险、提高效益、简化流程。

二是必须更广。小额贷款只有把面做广，才能有规模效应，才能提高社会影响力、提高同业竞争力、提高客户黏合力、提高存款稳定力。客户面扩不开、结果不好，做小就会没有生命力。

三是必须更快。做快一直都是农商银行竞争的核心优势，但小额贷款只有更快，才能提高劳动效率、提高管贷户数、提高客户体验，在竞争中牢牢占据先发优势。

总之，乐清农商银行豁出去了，虽然这个抉择普遍不被业内看好，但他们坚持在黑暗和质疑中边走边摸索，在浴火中练就真身，等待涅槃重生。

如今看来，乐清农商银行"做小"的逻辑契合了互联网广为流传的长尾理论。长尾理论可以简单地理解为，商场货架上总有很多不畅销但是长销的商品，它们形成一条长长的经济长尾，由于数量庞大，所以总量可观。相比于大企业、大客户，乐清农商银行选择的小客户正是不被看好的长尾，但当它们的体量足够大时，就会形成一个不输于大企业、大客户的市场。正是这个理念，驱动他们专注"做小"、聚沙成塔。

第 2 节　聚焦蓝海，深挖矿

"互联网＋"时代讲究流量为王，那么乐清农商银行是如何选择市场的进攻路线获取用户流量的呢？高剑飞打了一个很形象的比喻，开垦

这片蓝海市场，就好比挖煤，浅层的煤矿是比较好挖的，深层的煤矿就相对难挖，这就必须要有系统作战思维和长期作战准备。为此，他进一步提出了"三大延伸"即向下、向外、向链延伸，向下延伸主攻农村主阵地，向外延伸主攻在外乐商和新乐清人市场，向链延伸主攻企业产业链、社群、个人家庭等链圈，把小微客户"一网打尽"。

2.1 向下：拉网打鱼

向下延伸是乐清农商银行获客渠道中的主干路，他们在自己的农村主阵地拉起了一张"大网"。

为什么提出向下延伸？乐清农商银行的第一次战略转型是在温州金融风波前夕退出大企业、大客户市场，转向"三农"、个体工商户及小微企业市场，他们称为从大向小转型，但在转型初期，拓展的零售客户仍属于这些客群里面的优质客户。

温州金融风波以后，各大银行都看到了零售市场的巨大潜力，而且在乐清农商银行身上验证了零售市场风险不大，纷纷开始转战零售市场。据当地人民银行统计，乐清银行业连续几年新增存贷业务都是零售业务，公司业务呈萎缩态势。多家银行放话"只要乐清农商银行有贷款，凭借贷款合同就可以无条件同额度授信，利率比乐清农商银行低"，身处一线的支行行长们都感觉"要变天了"。

除此之外，当时发生的几件大事令高剑飞隐约感到不妙。第一件事是大行快速下沉。如中国农业银行成立三农事业部，重新回归和布局农村市场，首个试点县域就在乐清。第二件事是获客渠道受挫。客户介绍和客户主动上门越来越少，就算恰好有客户主动上门，客户经理反而会怀疑客户。第三件事是村级账户竞争激烈。一些银行通过各种手段向市政府相关部门施压，提出村级账户开立可开放性竞争。第四件事是零售客户过度融资。从数据看，原本在乐清农商银行独家贷款的优质客户，有 20% 左右的客户出现银行多头授信、个人过度融资等现象。

面对农村市场和零售业务的同质化竞争，乐清农商银行面临要么让利，要么让市场、让客户的艰难抉择。为了尽快让一线员工走出焦虑的情绪困境，在 2014 年年中工作会议上，高剑飞果断提出"八二定律"，与其继续纠结不如放手一搏，下定决心"二次转型"，即从上向下延伸，转向更小的微型客户。

向下延伸。虽然现在各大银行都在转向小微客户，但大银行的机制、资源和流程等都和我们有区别，不会那么快形成做小客户的文化。我们有网点、人力、文化等支撑"做小做散"的机制，要乘势而下、把握机遇、抢占蓝海，在大银行彻底转型过来和我们同质化竞争前，做好客户最后一公里。要在维护好现有客户的基础上，再将新的资源用到新的小客户身上去。（节选自高剑飞在 2014 年会议上的讲话）

向下延伸碰到了哪些问题？在向下延伸过程中，乐清农商银行使用的战术就是整村授信。整村授信一直被认为是农商银行最为重要的获客方式，但实际上，在推进整村授信的过程中，有很多痛点很难彻底解决，导致了这项重点工作经常雷声大雨点小。高剑飞在一次会议上全面分析了整村授信的症结所在：

一是理念问题。一线人员由于存贷等核心指标考核压力，对基础工作不重视，总怕前人栽树后人乘凉，代价大、见效慢，因而应付了事。二是授信问题。一线人员对基础工作认识没到位，普遍存在为了建档而建档、为了授信而授信等思想，出现虚假建档、虚假授信的现象，总部也很难倒查追责。三是风险问题。做长尾客户、次贷客户，风险必然会加大，如果只是一味靠行政手段去推动，一线信贷人员还是很怕风险，内生动力不足。四是流程问题。过去整村授信多采用挨家挨户走访建档、公议授信、发送授信短信、信函或授信门牌、签订纸质合同等方式，手续比较烦琐、农户比较反感。五是方式问题。在农村，拉横幅、放鞭炮、摆地摊等是整村授信的传统招数，这些营销活动看似表面上很热闹，但经常出现"想要的客户没来，不想要的客户难拒绝"等情况，最后有的甚至与农户伤了"和气"，实质效果并不理想。

快速复制的"985"模式。为了让整村授信这项"老掉牙"的工作焕发新春，最终推动向下延伸，乐清农商银行经营班子对整村授信进行了系统思考和设计。2016年下半年，乐清农商银行创新推出了整村授信"985"模式，"985"即农户建档至少90%、授信至少80%、签约至少50%，达到"985"标准的村可以评定为示范村，并给予创建网点、创建人政策奖励。这一阶段，乐清农商银行已对整村授信工作的火候控制更加精准，与前期做法相比在五个方面有了直观改变。

在理念上更加务实。明确了整村授信是乐清农商银行最核心的基础工作，必须坚持不懈、持之以恒地抓好这项工作。但是，也绝不能再像过去一样，追求表面文章、不讲实际效果，最后为过程鼓掌、为结果埋单。

在任务上更加合理。把乐清 911 个行政村，分摊给 180 个客户经理，要求每年做好做实 1~2 个村，3~5 年就可以完成全面授信工作。把每年 2~3 季度定为"整村授信"专项行动季，要求客户经理每年至少创建一个示范村，一个村原则上 3 个月内完成。

在流程上更加规范。明确了整村授信示范村创建标准，即农户建档至少 90%、授信至少 80%、签约至少 50%。详细制定整村授信 8 个步骤，包括村双委对接、信息收集、前期宣传、公议授信、行内授信评定、告知客户、走访签约、授后服务。

在授信上更加主动。实施"主动放贷"措施，要求主动发放信用贷款、主动延长贷款期限、主动提高贷款额度、主动授信前置、主动线上放款等。对授信金额不到位的客户经理进行问责，并要求其说明不给予足额授信的理由。

在考核上更加包容。倡导善待贷款客户、包容贷款客户、相信贷款客户等理念，对示范村不良贷款按贷款金额的三分之一计算风险金，对整村授信建档、授信、签约、用信全流程计奖。

2019 年末，乐清农商银行已完成全市所有行政村农户电子档案建设，评定信用农户（商户）20 余万户，占全市农户数的 64%，普惠签约农户近 15 万户，约占乐清全市农户数的 50%，创建示范村近 400 个。2011 年以来，乐清农商银行农户贷款户数新增 9 万多户，农户贷款覆盖率提升了 25 个百分点左右。"985"模式现已成为乐清农商银行下沉

农村市场的"收割利器",被列入该行每年必须推进的重点工作。

乐清农商银行的这次战略转移非常及时,他们没有继续在优质客户的"留量"问题上犹豫,而是选择再次"下沉市场",主动转向了议价能力相对弱小的微型客户,反而使得乐清农商银行在这几年牢牢守住了农村金融制高点。

2.2 向外:两翼齐飞

向外延伸是乐清农商银行获客渠道中的次干路,把获客视角从"小乐清"向"大乐清"调整。

乐清农商银行很早就把乐清人市场划分为三大板块。第一种是"本地乐清人",是本土服务的主要群体。第二种"在外乐商"和第三种"新乐清人",则是向"外"延伸服务的对象,也就是乐清农商银行在"一大战略"中讲的以在外乐商和新乐清人为两翼。在这两个市场,乐清农商银行形成了与当地其他银行完全差异化的竞争。

向外延伸。外面的市场潜力很大,完全可以再造一个乐清农商银行。要加快推进异地市场营销模式的研究,通过"一支行、一商圈;一团队、一社区,成熟一个发展一个"的模式,扩大在外乐商的服务面,为在外乐商提供个性化的金融服务;要加快在外乐商需求的研究,拓展在外乐商商圈,为在外乐商提供综合金融服务。总行要加大后台的支撑,为基层拓展提供信息、数据、产品等支持,实施"一商圈一政策"。(节选自高剑飞在2014年年中工作会议上的讲话)

正如第二章引用的"我眼中的马云"一文提到，对外而言，全世界有三个浙江，分别是本土浙江、中国浙江和海外浙江，这三个浙江各有3 000万人。乐清农商银行对乐清人的分类可以说有异曲同工之妙，是一种很有价值的社会和市场洞察。

"走出去"的精彩。据统计，乐清出去经商的有40万人口，每年创造的GDP为乐清本土的4倍。虽然这批客户实力很强，但在外也很难获得当地的金融服务，也很少与乐清本地银行发生业务联系，潜在金融资源较为丰富，由于外出营销成本太高，是一个没人挖掘的"金矿"。

乐清农商银行虽然在农村市场开展了拉网式营销，但在整村授信走访农户的过程中，碰到很多的空心村。这些村成年人都在外经商，留在家中的是老人和小孩，只有逢年过节，他们才会回家，对接起来较为困难。

独特的营销模式。尽管已经看到了这个巨大的市场，但如何解决营销成本的问题？当时在乐清农商银行内部，有两方不同的意见：一方认为，这个市场很大，要借势创办村镇银行或外设分支机构；另一方认为，要打"乡情牌"，线下组织营销团队"走出去"。针对双方的意见，高剑飞很快厘清了思路，认为"走出去"的模式比较适合，俗话说"老乡见老乡两眼泪汪汪"，"乡情"是拓展在外乐商的最好切入点。而且"走出去"还有两大好处：一是成本低。与设立村镇银行或异地支行相比，异地营销部可以说零成本，无非就是差旅费。二是好掉头。就算前期市场不小心选错了，那就换一个地方，机会成本很低。

乐清农商银行虽然没有通过外设机构跨区域经营，但是为在外乐商提供金融服务是做得最早的。在外乐商在哪里，乐清农商银行的服务就

跟到哪里。在通过走访拓展北京、成都、重庆等在外乐商市场后，该行创新推出了异地营销部模式和"211"工程。异地营销部一般由负责人、客户经理、柜员3人组成，外出拓展时主要包含收集信息、确定目标，组建团队、前期宣传，实地调查、现场办理，后续维护、持续跟踪等四个步骤，该模式具有很强的灵活性和可复制性。

乐清人商会是乐清人在外经商抱团合作的常见组织，在异地营销部模式形成前期，在外乐商拓展通常是通过乐清人商会会长、副会长进行对接。然而，仅通过商会形式对接，在客户下沉、信息对称上仍然不够，乐清农商银行又一次对在外乐商营销模式做出调整，决定以地级市为单位做在外乐商市场中的个体经营户和小微企业主，"211"就是成功拓展在外商圈的创建标准。

2015年，乐清农商银行创新推出"211"在外商圈创建工程："2"是指以全国地级市为单位，地级市的在外乐商拓展对象至少200户以上，并收集建立在外乐商电子信息档案；"11"分别指支行要拓展存款至少1 000万元以上、拓展贷款至少100户以上。为配套"211"在外乐商创建工程，出台了专项贷款指标、费用和奖励办法，鼓励本地市场已经饱和的网点外出营销。实施"211"工程以来，乐清农商银行通过存量数据、外部平台等共建立在外乐商档案35万人，创建地级市以上商圈65个，贷款户数达3万余户。

最受欢迎的爆款产品。营销模式确定后，如何满足在外乐商的融资需求、控制在外乐商的贷款风险呢？与本地客户相比，在外乐商有一些明显特征：他们普遍实力更加雄厚，融资需求更大；由于面向全国市场，他们的结算渠道主要在国有银行，通常在农商银行贷款，存款却存在国有银行。

这时候，乐清农商银行萌发了一个后来对业务发展起到关键作用的想法，以资产带动负债发展，一款架起资产与负债桥梁的产品"星级贷款"浮出了水面。星级贷款的设计原理就是客户贷款额度、利率与客户积数等级挂钩，客户积数由客户及其直系亲属的流动资金产生，积数等级越高贷款额度越大，贷款利率越便宜。贷款客户为贷到更高的额度、获得更低的利率，就会主动把自己及其直系亲属闲余流动资金归集到乐清农商银行。

星级贷款推出后，深受在外乐商的喜爱，比如服装、域外农业等行业客户资金季节性需求比较明显，但是这些客户往往没有抵押物，不受大型银行青睐，这个产品正好帮助他们解决了这个难题。"闲时存款忙时贷""贷款不用找熟人"等广告语后来被广为流传。

在星级贷款推动下，乐清农商银行经营性贷款余额占比最高达到95%，星级贷款户数占比最高达到80%，贷款客户平均存款贡献度最高达到35%，最高的支行达到45%。后来，乐清农商银行在评价这款产品时，毫不夸张地称它为"迄今为止最受欢迎的爆款产品"。

2011 年以来，每至农历春节，在外乐商贡献了乐清农商银行一半左右的存贷款增量。2019 年末，在外乐商存贷款分别占全行存贷款总量的 36%、40% 左右。

乐清农商银行在在外乐商效益、成本、风险之间找到了一个有效的平衡点，看起来比较传统却取得了惊人的效果。该行在乐清之外没有任

何机构和网点，但金融服务和客户遍布全国每一个乐商聚集的地方，这张"乡情牌"打得非常漂亮。

"俯下身"的风景。乐清最多的时候有 80 多万新乐清人（非乐清市本地户籍居民），这些新乐清人大都是在乐清打工。经过原始积累，有些开始自己创业当老板，成为乐清本地块状经济产业链条上的主要成员，有些定居乐清，子女也在乐清上学。

在早期，很多银行看不上新乐清人，这是一个被遗忘的"大市场"。一方面是排外心理在作祟；另一方面是新乐清人人多存款少，服务压力大；贷款又风险太大，本地客户跑了还能找到"庙"，外地客户跑了就没影了。

一张陪你闯天涯的银行卡。乐清农商银行柳市支行是最早尝鲜新乐清人市场的支行。"中国电器之都"乐清柳市镇有 20 多万的新乐清人，也是新乐清人创办企业最多的集镇。当时，柳市地区核心主导产业是低压电器生产销售，本地电器龙头上市企业浙江正泰电器股份有限公司开户在 A 银行，与电器相关行业的企业、企业主、经销商结算基本上都在 A 银行。柳市支行的市场份额在乐清全市各大集镇中也是最低的，与 A 银行柳市支行相比，远远落后并且差距还在拉大。

在如此恶劣的竞争形势下，柳市支行想要追赶对手，必须出奇制胜。他们率先想到了"俯下身"去拥抱这个当时被认为"不体面"的市场。把新乐清人群体作为突围口，推出一张主打"六免"[①]的新居民卡，这张"新居民卡"后来成为了新乐清人"闯天涯"的必备银行卡。

---

① 免年费，免开卡费，免小额账户管理费，免短信提醒服务费，免电子银行交易手续费，免银联 ATM 跨行取款手续费（境内）。

新乐清人的金融痛点究竟在哪里呢？在早期，由于农商银行点多面广，有一部分新乐清人主动选择乐清农商银行，他们的存款一般金额小、较稳定，但农历年底前都会把现金取出来或转账到老家银行卡上回家过年。发现这个规律后，2012 年开始，乐清农商银行与新居民服务管理局建立战略合作关系，联合发行了"新居民卡"，主打费用"六免"，这张"新居民卡"后来成为了新乐清人"闯天涯"的必备银行卡。2019年末，"新居民卡"发行量超过 40 万张，存款余额约 40 亿元，卡均余额约 1 万元，存款付息成本远低于本地客户。同时，新乐清人的资金流和信息流归集到乐清农商银行后，乐清农商银行进一步掌握新乐清人的生产经营状况，从 2014 年开始，乐清农商银行为新乐清人市场中的个体工商户、小微企业提供"新商宝""新商通"等贷款融资服务，累计发放贷款超过 30 亿元，没有一笔发生逾期。如今，柳市地区农商银行贷款总量与 A 银行柳市支行的差距缩小了 21 亿元。

没有天花板的市场，只有天花板的企业，所谓的市场天花板就是用来打破的，乐清农商银行开垦的新乐清人市场还只是"冰山一角"。

2.3 向链：裂变营销

向链延伸是乐清农商银行获客渠道中的重要支路，以企业或个人客户为核心延伸出各式各样的链圈，将关联客户和业务全方位收入囊中。

早期，乐清农商银行在营销方式上都是"散打""单打一"，一线员工在服务好一个客户、办完一笔业务后，一般就完事了，很少主动开展

裂变式营销。当时，有两件事情对乐清农商银行触动很大。

一件事情是贷款企业的业务关联度。乐清农商银行分析了全市贷款企业的数据，发现1 034家企业中，建立代发关联的仅180家，占比仅17%。

另一件事情是农业产业链金融服务试点工作。2013年下半年，在温州银保监分局（原温州银监分局）的推动下，乐清农商银行成为温州首家农业产业链金融服务试点单位，短时间内拓展了涵盖茶叶、果蔬、石斛、农副产品综合开发等22条农业产业链，并通过链条实现了快速获客。

链条获客案例：乐清市某水果专业合作社为较早在海南、云南从事农业产业化开发的在外乐商，承包2 000亩瓜地，产品销往北京、天津、上海、杭州等城市。这条链条的运作方式：核心客户为从事农业产业化开发的在外乐商带头人，由带头人向当地基层政府沟通获得支持，并向村委与村民承包瓜地，再分包给瓜农管理种植。乐清农商银行采用"银行 + 农业带头人 + 农户"模式，通过产业链契约关系为农户授信。同时在该链条上下游还获得了一批提供包装纸箱、化肥等辅助链客户。

在这两件事情的触动下，高剑飞开始思考乐清农商银行的链圈营销模式。与国有银行等大型银行的产业链金融不同，乐清农商银行没有主导的大型核心企业。因此，在模式选择上必然不同。在2014年年中工作会议上，高剑飞对乐清农商银行如何向链延伸指明了方向。

要通过代发工资、代理缴费、代理扣款、批量贷款等业务，深入发展工业、农业及服务业产业链、域外市场链、小微园链、企业员工链、新兴社群链等链圈客户。各支行、分理处要思考如何寻找符合乐清农商银行定位的客户群体，向链式营销转变。选择合适的链圈明确市场定位，发展批量目标客户。（节选）

除此之外，乐清农商银行还发现了一个传统营销模式上的短板，就是以户为单位发放贷款。过去，从风控角度限定以户为单位发放贷款，但实际上，客户的配偶或子女无奈之下也会到其他银行贷款，既没有防住客户过度融资风险，又扼杀了最容易实现的客户裂变方式。

针对这些链式营销上的短板，乐清农商银行因地制宜，在不同支行进行精准试点，摸索出了"五大链圈"模式，进一步实现了全覆盖、无死角的全方位、立体式获客。

"五大链圈"主要包括：（1）产业链圈，通过存量客户或产业带头人对专业市场、小微园区、特色产业集聚群等进行拉网式营销。（2）企业链圈，通过贷款企业对其上下游及员工进行顺藤摸瓜式营销。（3）家庭链圈，以农户大数据为基础，通过存量客户对其在经济上独立的家庭成员及同族的其他家庭成员进行全方位营销。（4）社群链圈，把网格式营销从传统社区扩展到街道、协会、商会、微信朋友圈、虚拟社区等新型社群。（5）党群链圈，通过建立总行党委与乡镇街道党委、支行支部与行政村（社区）支部、客户经理与村党员干部（联络员）三级党建联盟，积极融入社会综合治理体系，精准服务好新农村建设、大拆大整、城镇社区等。

在乐清农商银行的裂变式营销模式中，微观层面覆盖了个人、企业两个市场主体，宏观层面覆盖了政府、产业、社群，与大型商业银行高大上的供应链金融不同，构建的是营销获客的本土生态链。

第3节　心无旁骛，力出一孔

实际上，"做小不做大"的道理很简单，农商人都懂，但是说起来容易，真正做起来很难。乐清农商银行通过"三大延伸"把"做小不做大"这一战略思想变成了可以执行的施工图纸，剩下的就是需要一套机制保障精准施工，逼出所有"做小"潜能。

3.1　釜底抽薪的决心

置之死地而后生，在战略方向确定后，乐清农商银行对自己非常狠，大有破釜沉舟、背水一战的架势。

在制度上不留口子。明确规定"两个坚决不进"，即新增企业保证类贷款 500 万元以上、个人保证类贷款 300 万元以上坚决不进，3 家银行以上融资企业坚决不进。定位和方向是"一把手工程"，一旦有"口子"留在那里，有人搞特殊，就很难一以贯之。有一位农商银行的高管问高剑飞："我们来过乐清农商银行考察好多次了，部室总经理、支行行长、客户经理等各层级的人都带过来学习了一遍，大家听了以后都很想去做小。但是现在 1 年多过去了，还是没有真正落地、坚持不下来，大额贷款的口子很难守住。"大额贷款的口子确实很难把守，在执行过程中会面临社会、政府、员工等各方面的压力。高剑飞道出了其中的关键点，他认为，首先"一把手"必须要以身作则，"一把手"把持不住的话，其他人就肯定会效仿，再好的想法和制度也执行不下去。既然选择了这条路，就要坚持住，否则就会前功尽弃。这些年来，高剑飞一直带头坚持不推荐一笔大额贷款、不与企业老板等直接接触、从不干涉支行贷款决策，才有现在自上而下的思想统一。所有员工现在都知道，他们的董事长不喜欢"白富美"，只喜欢"小而美"，所以在高剑飞面前绝口不提大额贷款。

在目标上拉高标杆。乐清农商银行通过制度把"做大"的路口堵死了以后，贷款的压力全部压在了"做小"上。众所周知，"做小"很难产生规模效应，但乐清农商银行走这条路就必须让其产生规模效应，否则"做小不做大"就是一句空话。在小额贷款增户计划和考核上，他们不遗余力，以高目标引领快发展。这几年，乐清农商银行贷款户数年度增量计划都远远高于浙江省农信联社下达的综合计划目标，以户补量，不留余力。推出"双目标"考核，即责任目标和业绩目标。责任目标与经营者"帽子"挂钩，必须完成；业绩目标与"薪酬"挂钩，多劳多得。打消先进网点因为"考核顾虑"而留着客户慢慢做的思想，全力以赴实现"做小"的规模效应。

3.2 精准导向的机制

如何把员工的思想和行动统一到总部战略上来？就是要团结大多数的优秀员工，聚焦在一个目标上持续奋斗。在此期间，乐清农商银行坚持"谁做小谁得利"，一切政策向"做小"倾斜。

在信贷政策上，制定"小额简化、大额规范"原则，大额贷款必须提供营业执照、资产证明、现金流量、用途证明等，还要通过模型测评，而小额贷款流程简单、文本简单。在贷款奖励上，发放小额贷款带来的绩效和收益远甚于大额贷款。在利率政策上，对大额贷款采用利率加点，大额贷款利率高于小额贷款。在责任追究上，大额追责、小额免责，对小额贷款出险容忍度内免除经济处罚，大额贷款不仅要支行行长负主要责任，且无容忍度保护。在目标考核上，只考核贷款户数、不考核贷款金额等。

经过这一系列政策引导，乐清农商银行"做小"得到管理层、执行层一致认可，真正实现了从"要我做小"向"我要做小"的转变。很多支行、网点已经在"做小"中尝到了甜头。如地处山区的大荆支行，原本是五大集镇中最为落后、最为困难的支行，通过几年坚持做小做散，2014—2018年五年时间，贷款户数从 5 000 户增加到 20 000 户，存贷规模从 24 亿元增加到 74 亿元，户均贷款余额仅 20 万元左右，人均创利位居全行前列，一度跃升为温州农信第一大支行。

3.3　专注贷款的团队

银行"资产为王"等经营理念的执行落地，关键还是在客户经理身上，客户经理这把刀必须打磨得"快、狠、准、稳"。

过去银行业一直推崇信贷员向客户经理转型的理念。他们认为，客户经理在客户资源上具有优势，要对客户进行交叉营销，于是所有业务营销的指标任务都压给了客户经理。银行的客户经理几乎成了无所不能的存在，一方面，要完成理财、保险、基金、国业、信用卡、ETC、手机银行等各种指标；另一方面，还要应付上级部门、人行、银监等各种检查。在这种营销和管理模式下，客户经理精力被大大分散，贷款等核心业务肯定做不好。

而乐清农商银行认为客户经理主要工作还是信贷投放。客户经理精力有限，做不了那么多事情，还不如把有限的精力集中到贷款营销上。贷款上去了，其他业务自然会上去，所有任务压给客户经理，反而会适得其反，最终事倍功半。很多银行都在抱怨说客户经理走不出去，究其根本原因就是其内部管理和考核模式出了问题。要使客户经理持续走出去营销新客户，就要解决客户经理能不能走出去、敢不敢走出去、想不想走出去这三个难题。

要让客户经理能走出去。首先，要帮客户经理减负。必须弄清楚客户经理每天究竟在忙什么，客户经理疲于应付的日常事务能否由中后台或机器来代替。为此乐清农商银行提出了系列"减负"措施。比如，在日常管理上，各类下发到客户经理层面的报表、检查、调研等任务必须经过条线分管行长把关同意；在办贷手续上，大力推广中长期贷款、线上自助循环贷款；在指标下达上，所有中间业务指标不允许强制下达给客户经理，中间业务营销由客户经理自行选择完成。

要让客户经理敢走出去。最主要的是解决客户经理怕风险的问题，贷款营销不同于存款和中间业务，贷款是有风险的，客户经理最担心的是总行会秋后算账。为了鼓励客户经理大胆放贷，风险管理也同步进行改进。比如，在责任追究上，明确规定，客户经理只要不违反制度上

"严禁类""原则上"的规定，贷款出险一律免除行政责任；要求网点负责人必须亲自帮带客户经理，为其搭建好农村市场、在外乐商市场等关系纽带。

要让客户经理想走出去。考核是牛鼻子，客户经理的想法其实很简单，做什么业务划算、什么业务好做，他们就会选择做什么。实际上，总行考核指哪他们就会打哪，要给客户经理算明白"经济账"。比如，在乐清农商银行，客户经理贷款放得越多，模拟利润越高，薪酬就越高，放一笔贷款都直观看到能拿到多少薪酬。

这时候，乐清农商银行在小额贷款上的打法已经越来越清晰，但还差一点催化剂，那就是一群专注小额贷款的标杆在前面带头"领跑"。高剑飞灵光一现，又想出来一招妙招，在营销队伍中放入了一条"鲇鱼"——直销银行部。这个模式与在全国范围内线上直销的直销银行不同，乐清农商银行的直销团队仅有特权在乐清全市范围内开展营销，他们称为与众不同的直销银行部。在一次会议上，高剑飞明确指出了直销银行部的作战思想，直销银行部是总行的特种部队，哪里需要到哪里去，试行直销银行部模式是"老人走老路，新人走新路"，进行一场自我创新、自我革命。

第一，定位做小。直销银行定位"资产为王、做小做面"，主要任务是拓展单户金额 30 万元以下的贷款客户，但不能抢夺存量贷款客户。第二，机制灵活。直销银行部可以选择全市范围内就近的两个片区或特定市场，在总部允许范围内可以突破跨地区限制，哪里有空白往哪里做。第三，自主经营。直销银行部享有区域选择权、贷款审批权、费用支配权、人员组建权、利率定价权等经营权限。第四，考核鲜明。直销银行根据五年规划，按照"先做用户、再做利润"的分步纲领实施，降成本、高产出、高收益。第五，后台支撑。直销银行部在风控标准、流程改造、产品研发、手续简化、数据共享、平台开发等方面可向各总行管理部室提出要求，总行将予以先行先试。（节选自高剑飞在 2016 年年初工作会议上的讲话）

后来，乐清农商银行直销部运营发展成三种"直销模式"：模式一，通过微信平台线上营销，主攻年轻客户。模式二，通过产业链条，主攻专业市场。模式三，通过助农服务点，挖掘农村市场空白点。

这条"鲇鱼"放下水后，引起了支行强烈的反响。这支特种部队共11 人，在两年时间内，新增贷款户数达到 5 600 多户，客户经理人均管贷户数超过 700 户，最高的客户经理管贷户数达到 1 300 多户，胜过很多做了十几年的客户经理。在这些标杆的引领下，一些老大难的问题也迎刃而解，比如一线员工原本强烈反对"总行每年 120 户的贷款增户任务"，直销银行部生动示范了什么叫"只有想不到，没有做不到"；比如网格化带来了后遗症，一些支行把网格资源当成"自留地"慢慢耕，在直销银行部的"搅局"下也得到有效破解。

如今，乐清农商银行有了一支在贷款领域单兵作战能力超强的客户经理队伍，客户经理的人均管贷户数和金额节节攀升，从 2011 年的100 多户、3 000 万元左右，到现在已达到 700 户、1.8 亿元左右，最高的客户经理达到 2 000 户、5 亿元。

　　2019 年末，乐清农商银行贷款规模已经从 2011 年落后 A 银行 64 亿元，到现在领先其 60 多亿元，贷款客户数是其 5 倍多。贷款余额年均增幅 20% 以上，存贷比最高达到 82%。在十年的坚持和耕耘下，乐清农商银行资产业务越做越小、越做越简、越做越专，做出了工匠味道，闯出了一条"以小博大"的逆袭之路。高剑飞总结这一路后说："乐清农商银行并没有比别人高明的地方，我们只是把小额贷款做到极致，这就是最典型的阿甘，阿甘就一个字'傻'！阿甘精神就是目标坚定、专注执着、简单坚持、认真傻干！"

　　总体来说，乐清农商银行业务发展逻辑，就是以资产为王、做小不做大，所有资源投入都围绕"小资产"展开。相对于大银行而言，乐清农商银行只是小银行，相对大企业而言，"三农"、个体工商户及小微企业等也只是小客户。然而"小"却有强大的生长空间。当所有银行都在忽视这些小客户的时候，谁能雨中送伞，谁就能成为他们为之一生感恩的"贵人"。乐清农商银行向小而生的策略具有"共生发展"的意义，在支持客户成长的同时，也为自己培养了忠实的客群。在日渐同质化的银行业里，由于规模上相对弱势、议价能力相对弱势，乐清农商银行曾经缺乏的正是这样一个稳定忠诚的客户群。

第 4 章
实用至上的数字化

线下为基，线上为翼，线下反攻线上，实现上下融合。

——高剑飞

2013 年是市场公认的互联网金融元年，彼时余额宝的成功如平地惊雷，炸响了整个中国金融业。第三方支付、P2P、互联网理财等如火如荼，商业银行面临存贷汇全面脱媒的危机。互联网金融风口之后，FinTech（金融科技）崛起，引发金融业的巨大震荡。商业银行作为支付中介、信用中介、信息中介的价值被极大弱化。数字化转型被大多数人认为是商业银行应对金融科技浪潮的出路。

一时间，从产品、平台、系统，到人员、管理、制度、流程，全面的金融科技革命扑面而来。然而，金融科技的现实并不算太美好，大数据风控的高度同质化和高质量数据的缺失，技术创新对金融机构绩效的改善还不明显。近两年的金融科技创新，对大多数银行而言，还停留在成本投入的阶段，真正眼前一亮的创新和实质效果还不多。

针对数字化转型这个"热门课题"，浙江省农信联社和乐清农商银行都进行了自己的思考和探索。

2019 年 7 月，浙江省农信联社理事长王小龙对数字化转型提出了浙江农信的"打法"，那就是以数字化转型推动以人为核心的全方位普惠金融，实现线上线下融合发展。

数字化转型必须要有清晰明确的大方向。总体来说，要把握好三个方面。第一，数字化转型的终极目标是实现以人为核心的全方位普惠金融，这也是我们一切工作的出发点。要通过线上线下的融合，推动各项工作不断深化，最终实现全覆盖、无死角的金融服务。第二，要把数字化转型贯穿决策、管理和营销的全过程。数字化转型不是简单的业务线上化，也不是零散的几个项目建设，而是覆盖发展战略、组织架构、运营模式、营销获客、产品服务、风险管控等全方位的数字化转型。各行社从领导班子到普通员工，没有人是这场转型的局外人，要全员参与、全流程参与。第三，数字化转型的根本目标是实现足额、便捷、便宜的金融服务。我们要始终在着力解决足额问题的基础上，逐一破解服务的速度和价格问题。同时，还要高度关注客户体验，实现个性化服务需求的有效满足。（节选自浙江省农信联社党委书记、理事长王小龙在2019年年中工作会议上的讲话）

而乐清农商银行一路走来，也始终在思考和探索符合自身发展特色的数字化转型模式。

2015年，乐清农商银行在三年规划（2015—2017年）中提出了"依托大数据、建设全渠道"的数字化转型战略：要充分发挥自身优势，建立海量客户资源数据库，利用互联网和云计算等信息技术，构建以数据为中心的业务价值生态环境。要将渠道融入客户生活的各个场景，线上线下互通，为客户提供无差别的金融体验。

2018年，乐清农商银行在新五年规划（2018—2022年）中提出了

"打造以金融科技为第一驱动的"智慧银行"的数字化转型目标愿景。他们提出,"金融科技"是未来金融业发展的制高点,但农商银行作为县域小法人机构,数字化转型不是简单的"科技＋金融",而是要在金融的基础上融合科技力量。数字化转型的先决条件是弄清楚为什么转?转什么?怎么转?农商银行的主营是传统业务,优势在线下,必须在线下和传统业务的基础上推进数字化转型,如果脱离这个根本,都是空中楼阁,无法落地。

乐清农商银行的数字化转型策略,就是在认清自身资源禀赋的前提下,以线下为基础,围绕"降低经营成本、提高管理效率、提升客户体验"三大目标,通过构建全渠道,挖掘大数据,变革管理思想,以数字化转型驱动大零售升级。

第 1 节 想致富先修路

银行结算渠道是客户资金流通的重要通路,但农商银行的"这条路"并不畅通。在主渠道上,国有银行占据不可动摇的霸主地位;在互联网产业链及消费链上,互联网金融企业占领先机。有人说农商银行在"借道"运营,农商银行的客户资金每天都跑在他行修建的"高速公路"上,"车"还要经常停在他行的"车库"。于是,"修自己的路"被乐清农商银行视为"百年大计"。只有结算渠道通了,低成本资金自然能流进来、留下来。

1.1 抢占移动入口

手机银行被认为是未来银行所有业务的入口，这是乐清农商银行全渠道体系中的主渠道，是"高速公路"。

过去，国有银行在主渠道上有天然优势，不管是在银行卡、网银还是手机银行等方面，农商银行都只是个跟随者。而且农商银行在人民银行支付系统的行名有信用社、合作银行、农商银行等不同称呼，经常连客户经理都搞不清楚汇款到农商银行要选择哪个行名，在营销存款的时候非常被动。

乐清银行业的主渠道一直在国有银行，客户资金一般先到国有银行账户，然后再部分分流到各家银行。乐清农商银行曾经做了一份关于手机银行发展的市场调研，与 A 银行作了对比分析，该银行布局早、体量大、客户活，全方位超过农商银行。从用户数看：2013 年，浙江省农信联社刚推出网页版手机银行时，A 银行手机银行用户就达到 36 万户。从活跃度看：2016 年，A 银行手机银行活跃用户 20.96 万户，交易笔数达 2 732 万笔，位列全国同系统县支行第一，同期农商银行手机银行活跃用户仅 8.37 万户，交易 321 万笔，交易量仅占该行的 11%。

每年农历春节前后，是在外乐商资金回笼的高峰期，以前每到此时，乐清农商银行都要看国有银行的"脸色"，看看国有银行资金是否开始回笼。只有等资金先流到国有银行后，才能从那里分流到一部分资金，付出的代价和成本都比较高，并且效果也不好，年末新增存款都只有国有银行的"零头"。因此，这也更加坚定了乐清农商银行"修自己的高速公路"的决心。

所以，近年来，当各大银行都在聚焦"中收"、交叉营销等概念，并越来越多地下达中间业务营销指标时，乐清农商银行仅揪住一项指标不放，那就是手机银行覆盖率和活跃度。2016年，乐清农商银行就把手机银行发展提到战略高度，与存款、贷款一起作为业务发展的"三叉戟"。手机银行发展指标与经营者"帽子"挂钩，每年新增任务指标都定在10万户以上，其中本地客户、有效客户要求70%以上，是浙江省农信联社下达任务的3~5倍，通过自我加压实现超常追赶。

2019年末，乐清农商银行手机银行用户达到62万户、活跃客户达到26万户，分别占乐清户籍人口的48%、20%；交易量、交易笔数分别达到2 310亿元、700万笔，均位居浙江农信系统前列。手机银行带来的好处也是显而易见的，不仅能够沉淀大量的流动资金和活期存款，而且能够通过客户交易信息掌握客户经营状况。有了这条自己的"高速公路"，乐清农商银行资金回笼得到明显改善，对国有银行渠道依赖程度明显降低。

1.2　构建本地支付场景

本地支付场景建设是获取低成本流动资金的关键，这是乐清农商银行全渠道体系中最为庞大的微渠道。

马云有一句银行人皆知的名言："银行不改变，我们就改变银行！"本来大家觉得这件事发生还早，但从近几年微众银行、网商银行的快速成长来看，这并非"狂言"。乐清农商银行通过数据发现，在交易线上化、消费场景化等冲击下，支付宝卡通、微信财付通牢牢占领小额消费

信贷和支付市场，年轻客户流失和占比下降明显，银行客户呈现老龄化趋势。据统计，每逢周末，乐清农商银行通过支付宝卡通、微信财付通流出金额都在 2 亿元左右。

在很多银行看来，抢占支付结算渠道需要投入大量的财力、人力等成本，县域小法人机构根本"烧不起"这个钱，但乐清农商银行却认为这笔钱值得"烧"，要趁农村互联网金融业态还没有成形，尽早在农村支付结算渠道上布局。

为顺应支付结算场景化的发展趋势，乐清农商银行着手构建支付结算场景，通过建立商户、民生、缴费、政务四大联盟，打造本地特色的生态圈。

打造丰收商户联盟。围绕乐清人商圈、本地生活圈大力铺设一码通、智能付、POS 机等设备，全面布局洗车、购书、电影票、火车票、外卖、景区门票等 5 元系列高频消费场景。

打造丰收民生联盟。推进智慧菜场、智慧公交、智慧停车、智慧小区、智慧驾校、智慧医疗等"智慧项目"，积极介入民生服务场景。

打造丰收缴费联盟。与乐清全市各大学校、小区、工会（党团委）等单位合作，上线学费、物业费、党团费等缴纳服务。

打造丰收政务联盟。抓住政府部门"最多跑一次"改革和智慧城市建设契机，与市农村农业、市场监督、社保、医保、国土、教育、公积金、华数等单位合作开展系统直联、信息共享、政务代办等合作，提供政务一站式服务 10 余项，免费代理社保代收代付、医保代缴、市民卡等政策性业务 100 余万户，发行市民卡 82 万张，占乐清全市银行业总发卡量的 70%，把营业场打造成了政务"延伸窗口"。

在前期大量投入后，乐清农商银行构建的支付结算体系已经初露锋芒，以"丰收互联＋智能付＋一码通"为三个支点，形成了医、食、住、行、玩"微金融"配套服务，让每个生活场景成为获客入口。2019 年末，乐清农商银行移动支付客户达到 70 万户，一码通客户、POS 收单客户1.3 万余户，沉淀日均存款合计达 30 亿元，每年运营费用 1 000 万元左右，相当于仅增加付息成本 0.3% 左右。市民卡和社保代理客户沉淀日均存款 50 亿元，平均付息成本仅 1.4% 左右。通过几年的场景建设，年轻客户也逐渐成为新"金主"。与 2011 年比较，"80 后"存款客户增加了 28.56 万户、52.56 亿元；贷款客户增加了 4.24 万户、103.61 亿元。

1.3　打通"最后一公里"

丰收驿站是乐清农商银行分流农村基础业务、获取软信息的"哨站"，这是乐清农商银行全渠道体系中物理渠道的重要补充。

很多银行认为，农村最后一公里都是一些最基础的业务，做的都是亏本买卖，基于收益率和回报率的考量，纷纷撤出农村，向城郊与集镇靠拢。乐清农商银行则反其道而行之，凭借点多面广的优势，承担绝大部分基础金融和政策性代理业务。随着客户老龄化加剧，柜面服务压力增大，极大影响柜面对其他客户的服务质量。然而，在乐清农商银行看来，这也许是件好事，可以倒逼加快打通农村最后一公里。农村是"互联网＋"最难打通的一公里，也是农商银行最有价值的洼地。要以构建

本土全渠道应对移动互联网时代，构建农村新生态破解互联网金融新业态。

为了巩固和转化地缘优势，乐清农商银行尝试将地缘优势和金融科技相结合，2015 年开始，着力构建"智能网点、电子银行、一村一机"三张网，打造"基础金融不出村、综合金融不出镇"的服务体系，在农村建立 297 家简约型、标准型、旗舰型"丰收驿站"。

简约型"丰收驿站"：主要代理小额存取款、水电费缴费等。实施"村村通"工程，简约型"丰收驿站"实现全市行政村全覆盖，成为仙溪、福溪、西门岛等许多偏远山区、海岛唯一的金融机构。

标准型"丰收驿站"：在业务交易量相对较大的网点，建立标准化丰收驿站，为村民提供包括简约型"丰收驿站"功能外的便民服务、积分兑换、信贷业务等 20 余项基础金融业务。

旗舰型"丰收驿站"：在全市 12 条乡村振兴示范带逐步打造丰收驿站"旗舰店"，涵盖金融、政务、民生、物流、电商和党建六大类服务。

星星之火可以燎原，丰收驿站成为平衡"三缘优势"和金融科技的最佳着力点，成为了乐清农商银行真正具有可持续性的差异化全渠道触角。乐清农商银行丰收驿站全年业务交易笔数 160 多万笔，分流了绝大部分小额存取汇款业务，占其全行业务量的 30%，相当于 80 个柜员一年的业务量，而每年运营费用仅 200 多万元。同时，近 300 家丰收驿站为乐清农商银行收集补充了海量的客户软信息，为完善农村大数据立下汗马功劳。并且这些"小店"还成为乐清农商银行最好的广告,成本低、影响广、口碑好、效果佳。

第 2 节 数字化要以实用为导向

金融科技最终的落脚点要在金融应用上,在整体的布局过程中,企业要回归到一个原点,就是所有技术的应用最终都是为了给企业带来价值。高剑飞认为,企业千万不能为了上大数据而上大数据,要结合自己的特点对投入产出做出最好的衡量。总体来看,金融科技的迭代升级正在让银行的应用成本变得越来越低,但是,银行的数字化转型并不是用一个新技术、上一套新系统、落地一个新项目就能够实现的。在这一过程中,还需要银行从自身的角度作出全局的考量,选择最适合自己的姿势迈向数字化。

2.1 打铁还需自身硬

技术是促进者,是达到目的的手段,而不是目的。高剑飞认为,科技是数字化转型的载体,实现大零售转型才是目的,不能被技术绑架。再先进的东西,只有能为我所用,才是有价值的。他说,在农商银行数字化转型中有"两难",一方面,依托省农信联社科技平台,个性化的科技需求难以满足;另一方面,依靠外部科技公司,在人力物力等方面投入非常大,但效果往往不佳。

在数字化转型成功的例子中,数字化转型与公司的整体业务战略

密切相关。但在现实推进中，很多农商银行都存在误区：他们认为所谓的数字化转型无非就是引进一家科技公司"包办一切"，去主导设计一系列的系统，比如 FTP、KPI 绩效考核模式、CRM 客户关系管理、PM 精准营销等，帮助他们轻松实现了数字化转型。但这些系统不接地气，往往投入的资源很多，却很难达到理想的结果，最后陷入进退两难的境地。

乐清农商银行始终认为，数字化转型还是要看实际应用。这些年，乐清农商银行虽然只根据实际情况开发了部分"小系统"，但这些系统都很实用。比如，在风控上，开发了电子化三查和智能贷后系统，客户经理可以实现一键式三查和贷后检查；在考核上，开发了"模拟利润考核"系统，实现薪酬考核系统化、可视化；在营销上，开发了乐清人数据决策系统，实现网格化管理；在人事上，建立"人力资源管理"系统，实现四项制度、薪酬考核、内部关联人控制等员工动态管理；在内控上，还建立了反洗钱、流动性压力测试、审计、客户贷款资金流向等系统，实现风险智能预警。高剑飞说："乐清农商银行数字化转型的三大目标主要是降低经营成本、提高管理效率、提升客户体验，这些问题解决好了，数字化转型也就转好了。"

2.2 "痛点"不痛才是关键

互联网金融的想象力远比传统银行强大，与互联网金融企业相比，传统银行有太多枷锁。比如，虽然远程银行、人脸识别等技术手段已经可以达到实名认证的同等效果，但"面签"一直是传统银行开户底线。

有人说，目前银行业所处的是"戴着镣铐起舞"的年代，传统业务上线，除审慎监管考量外，还要考虑信息技术在银行内部推进的过程中遭遇的内部阻力。

在贷款上线的过程中，乐清农商银行可谓伤尽脑筋。自"微粒贷"等纯线上贷款面世以来，传统银行贷款上线在技术和法律上已经不存在任何障碍，但实际推进过程中，至少有两方面阻力。一方面，面临合规压力。纯线上贷款不需要收集任何客户佐证资料，无法有效控制客户贷款资金用途等。另一方面，面临管理压力。线上贷款风控多基于数据模型，需要高质量的农户数据和配套相应的免责机制。因此，前期"浙里贷""公积贷"虽然让乐清农商银行实现了纯线上放贷，但实际推广效果并不理想。

高剑飞认为，农商银行线下"好牌"还没有打光，还需要一定的时机和外力，才能加速推动数字化转型。他在《新冠疫情后农商银行发展的逻辑思考》中提到：

当前农商银行正处于数字化转型焦虑和迷茫阶段，如果没有外力逼一把，或许这条路永远都走不出去。一是路径更清晰。大型银行在科技金融发展和数字普惠能力上"先行一步"，农商银行不可能"照抄照搬"，必须加快发展农信特色的数字化经营管理模式。二是条件更成熟。疫情后，"互联网+5G"等新模式将推动"宅办公""宅消费"等进入快速发展阶段，并加速向县域农村市场渗透，为农商银行"线下反攻线上"创造有利条件。三是政策更明朗。银保监会两次发文，"鼓励积极运用技术手段，在全国范围特别是疫情较为严重的地区，加强线上业务服务，

提升服务便捷性和可得性"，这无疑是一袭政策春风。

新冠疫情导致乐清农商银行线下业务全面中断，倒逼他们往线上转移。复工复产后，乐清农商银行立即打响线上贷款攻坚战，组织了为期一个月的"致敬逆行者、在线无接触"公积金贷款营销"闪电战"。

与前期做法不同的是，乐清农商银行尝试着打开枷锁，在准入、免责、营销模式上进行自我颠覆。在贷款准入上，放宽准入标准，仅控制融资家数，夫妻均可贷款。在风险管理上，实行风险免责，所有贷款出险逾期，总行催收、总行买单。在营销模式上，推进全员营销，贷款变成中间业务，所有非信贷人员都参与作战。仅仅不到一个月的时间，乐清农商银行公积金贷款线上签约2.7万户、80亿元，用信1.2万户、27亿元。

传统业务上线是有阻力和代价的。一方面受限于银行的基础资源禀赋，另一方面受限于顶层的天花板制约，这是数字化的局限。数字化转型的痛点不是大数据，也不是金融科技，而是传统银行僵化的思维。

2.3　数字化革了谁的"命"

改革一般不可能是既得利益的重新分配，充其量只能做到对增量利益重新分配，但乐清农商银行认为，数字化转型必须先革既得利益者的"命"。以乐清农商银行贷款业务为例，数字化转型对既得利益者来说至少有几方面的"降维打击"：首先是去权力。通过大数据风控模型、电子智能审批流程，使得贷款审批权力逐渐消失，不仅取消了风险经理岗位，还撤销了总行贷款审查中心。其次是去中心。贷款客户原本以客户经理为中心，今后转移到线上，客户就能以自身需求为中心，不仅提升客户体验，并且降低了客户经理的道德风险。最后是去绩效。线下贷款转移到线上以后，客户经理贷款被总行"收编"，倒逼他们沉下心来专注做好线下"难啃"的客户。而对银行来说，通过三方面的"降维打击"，倒逼人员管理和营销方式的变革。

人是农商银行最大的成本和资本，人力成本占全部管理成本的 70% 左右。在数字化转型的推动下，乐清农商银行人员管理模式发生了以下变化：在任务分配上，按支行或网点人数进行任务分配、按人均创利对支行进行考核；在人员配备上，对柜面实行定员定编定岗管理，总体人数控制在 40% 以内，分理处基本实行"2+1"模式，将释放出来的柜面人员充实到营销岗位；对客户经理按照人均管贷 700 笔的业务量进行配置；对总部人员按照 10% 的比例进行控制，且根据"大前台小后台"标准配置。

通过几年的数字化转型，乐清农商银行的人均效能得到极大提升。2019 年末，乐清农商银行员工总量从最高 870 多人降至不到 800 人，人均创利达到 192 万元，在浙江农信系统位居首位。客户经理单兵能力罕见，180 多名客户经理管贷 12 多万户，人均管贷 700 户、1.8 亿元左右。乐清农商银行的数字化转型最终推动人员管理模式的变革，实现了降本和增效的目的，这就是数字化转型给银行带来的最大价值。

第 3 节　避开数字化的误区

数字经济不仅引发生产力变革，对生产关系的改变也显而易见，它

可以直接催生新的社会分工和组织形态。农商银行数字化转型落地生根的前提是管理思想变革，技术在变思想不变，喊得再响也没用。在探索和思考数字化转型的过程中，乐清农商银行的转型思想显得有些与众不同。

3.1　线下反攻线上

有人说数字化转型具有颠覆性，银行将成为"消失的银行"。但有一个事实不可忽视：迄今为止，还没有一项技术创新对金融体系产生过颠覆性影响，反倒多是因为过度扩张和风险，让很多银行倒闭。乐清农商银行认为，县域小法人机构数字化并不需要过于激进，要更加注重实际应用。县域小法人机构的优势在线下，发展线上业务不是意味着脱离线下，而是要在强化线下优势的基础上，以线下反攻线上，最终实现线下线上融合。

"互联网＋"是以互联网技术为主导的，部分农商银行在数字化转型过程中存在误区：他们认为的数字化产品是类似于"微粒贷""借呗"等，基于线上的数据分析而产生的客户营销模型。但对于客户群体地域局限、数据分析能力不足的农商银行而言，这类产品很难取得成功。

而乐清农商银行认为，数字化转型应以农村金融为主导，通过"金融＋科技"实现线上线下融合。在发展金融科技的过程中，始终坚持在线下业务的基础上 "出拳"。当其他银行在做"互联网＋"的时候，他们在做"传统业务＋互联网"，把传统存贷款业务转移到线上。当其他银行在布局大数据、云计算、区块链、P2P 等的时候，他们在构建以农村数据和存量数据为核心的 "乐清人数据库"。当其他银行在忙于

ETC、理财、基金、保险等中间业务的时候，他们在聚焦手机银行扩面提质。当其他银行与微粒贷等平台合作的时候，他们在耕耘自己的"浙里贷"。当其他银行在打造电商平台的时候，他们集中精力做好"丰收驿站"和本土支付结算场景，努力打造本地生态圈。

乐清农商银行在贷款上线过程中，采取了循序渐进的做法。第一步，大力推广移动办贷。为全行信贷人员配置移动办贷设备，推行全电子审贷流程，实现普惠金融档案建档、评级、授信、签约、放款一站式服务。第二步，大力推广线上放贷。在全省农信系统中，最早全面放开手脚做循环贷产品，50 万元以下经营性贷款全部线上放贷，个人线上循环贷最高 200 万元、企业线上循环贷最高 300 万元。第三步，大力推广纯线上贷款。2017 年 10 月，首家试点浙江农信纯线上贷款产品"浙里贷"。2020 年 4 月，在总行成立互联网金融中心，推出基于公积金、现金流、社保、税务等数据模型判断的标准化零售产品。目前，"浙里贷"纯线上贷款签约客户近 4 万户、总额达到 100 亿元，用信客户近 2 万户、总额达到 40 亿元。

大型银行在科技金融发展和数字普惠能力上先行一步，农商银行不可能照抄照搬。线下反攻线上看似"传统打法""保守打法"，但对农商银行而言有其必然性。比如，大型银行可以投入大量资源探索创新，即使失败了问题也不大，但这样的代价对农商银行而言是无法承受的。

3.2　数据够用就好

大数据时代，银行都在奋力追求纷繁复杂的数据，旨在提高管理

和营销的精准度。而对农商银行而言，数据应基于自己的处理与应用能力，并掌握在自己手里，才能形成资源优势。不管是政府主导的智慧城市数据，还是个人数据宝等商业数据，数据共享已经成为趋势。既然数据没有唯一性，基于数据研发的银行产品，反而会加快银行同质化竞争，弱化了农商银行在农村市场的竞争优势。这几年，乐清农商银行并没有狂热追捧社会大数据，而是专注打造自己的"小数据"，更侧重农村数据和存量数据的挖掘。

乐清农商银行为什么要建立"小数据"？这些"小数据"能解决什么问题呢？高剑飞说，建立自己的本地数据库并不是头脑发热、一时兴起，而是因为一线在下沉市场的时候确实需要这些数据。他们在实践中看到了三方面的数据缺失。

一是整村授信数据缺失。虽然经过历史积累，他们已经沉淀了大量存量农户数据，但是这些数据质量不高，比如手机号码、家庭信息、职业信息等缺失严重，在他们"向下延伸"过程中，无法快速、有效识别低小散客户的风险，实现快速获客。二是在外商圈数据缺失。乐清农商银行还只是拓展了一小部分在外乐商客户，大部分在外乐商客户分散在全国各地，需要进一步了解区域分布、市场行情、经营状况等信息，才能提高对接效率。三是新乐清人数据缺失。前文已经讲到新乐清人是一个被遗忘的庞大市场，目前多停留在存款业务，如果想要进一步挖掘贷款业务，就需要相应的数据支撑。

构建大数据关键是农村"小数据"，只有这些数据才是互联网金融触摸不到的死角，才是乐清农商银行的核心竞争力。2014 年开始，该行着手建立"乐清人数据库"及网格管理系统，从三个方位进行侧翼包抄。

建立农村核心数据。推进数据全覆盖，全面收集"乐清人数据"，已收齐乐清全市 911 个行政村、22 个社区的 36 万户农户数据，覆盖所有乐清人家庭。推进数据标准化，对农户数据进行统一治理，按照"六大要素""三大地址"要求进行规范，并建立数据更新和考核机制，提高数据的及时性和准确性。推进数据立体化，以"乐清人数据库"为主体，将普惠信息、授信信息、存量信息、社会信息进行交互和比对，读取客户个人及其家庭"画像"，精准提供足额、便捷、便宜的金融服务。

挖掘存量有效数据。经过 60 多年的发展，农商银行拥有庞大的存量客户数据，这就是最好的"金矿"。乐清农商银行从 2015 年开始探索建立"数据决策"系统。一方面，通过数据发掘潜在客户。建立存量客户营销模型，包括存款潜在客户、贷款潜在客户、手机银行潜在客户等。另一方面，通过存量客户关系网营销新客户。寻找和匹配存量客户与目标新增客户的社会关系，切实发挥"本土化"和"软信息"优势，凭借以客带客提高营销成功率。

完善社会共享数据。社会大数据是完善客户信息的有益补充，乐清农商银行的策略是"不掉队"。在建立农村核心数据和挖掘存量有效数据的同时，积极推进"最多跑一次"合作，通过窗口延伸和数据共享获取社会数据。现已与社保、医保、税务、国土、公积金、工商、法院、公安局、个人数据宝等单位开展合作，并逐步实现相关社会数据的共享。

移动互联网时代需要大数据，但不可盲目崇拜大数据。农商银行本身就是定位"做小"，小额贷款重人品轻资产，只要看清客户人品就够用了，想要看清客户方方面面不仅成本很高，而且等看清的时候客户已经跟别人跑了。正是抱有这种心态，乐清农商银行才能在"小贷"市场上异军突起、做到极致。

3.3　数字化没有局外人

数字化是从技术切入的，以效率和效能提升为目的，大多数银行都以为这是一个科技范畴的事情，应该由科技部门来主导，甚至是全程推进。但其实数字化没有局外人和旁观者。从高层看，数字化涉及资源和组织的重新分配，只能是由高层自上而下决策。比如，要不要设立数字化转型领导小组，牵头部门放在哪里等。从中层看，一旦涉及资源分配和组织的变化，必然触动中层的切身利益，而且数字化项目有风险，通常会出现劣币驱逐良币的现象，中层如果出工不出力，最终就会不了了之。比如，数字化转型项目需求由业务部门还是科技部门提出，项目开发过程和实际效果由谁跟踪等。从基层看，银行的客户和市场都来自一线员工，员工在转型中能够获得什么，决定了员工的参与度。比如，线上贷款是否纳入网点和客户经理绩效，贷款责任由谁负责等。

根据科斯定理，如果职责明确，部门壁垒足够低，资源将流动到效率最高的部门。但部门壁垒足够低吗？恰恰相反，壁垒足够高，所以交易费用足够高，这就是"竖井"。数字化转型就是业务和流程重塑，其间必然会碰到部门边界，银行部门之间就会扯皮推诿。在推进数字化转型过程中，对于打破这些高高的"竖井"，高剑飞颇有心得，在组织和管理架构上提出了具体要求：

　　一要重视顶层设计。数字化转型是"一把手"工程，是一把手"想不想"的问题，高级管理层要负主要责任，中层负具体责任。二要敢于自我革命。数字化转型就是颠覆过去，很多事情过去是对的，现在不一定是对的。三要强化部门协同。必须成立数字化转型领导小组，以价值为导向，实行项目负责制和小团队作战。

　　目前看来，农商银行数字化转型大都停留在探索阶段，还没有很成功的样板。乐清农商银行的数字化转型之路，是基于"小而美"模式的一次探索，他们的"与众不同"是建立在对发展趋势的判断、对自身能力的认识、对"想得到"和"做得到"的取舍。这个转型模式看似简单，实则有很强的逻辑性和可操作性，对农商银行数字化转型有很好的参考借鉴作用。

第 5 章
宽严相济的风险管理

小额贪婪、效率优先；大额恐惧、风控优先。

——高剑飞

2015—2016 年，乐清农商银行在业内声名鹊起，高剑飞被银保监会（原银监会）、浙江银保监局（原浙江银监局）、浙江省农信系统多次受邀作风控经验交流，究其原因，主要就是在温州金融风波危机中资产质量一枝独秀。

实际上，是温州金融风波让乐清农商银行浮出了水面，首次进入到公众的视野。从 2011 年开始分析，五级不良贷款率始终保持在 1% 以下，反映潜在风险的关注贷款占比也远低于乐清银行业平均水平（见表 5-1）。

从表 5-1 的数字上看，2014 年开始，乐清农商银行不良贷款占比和乐清银行业平均不良贷款占比的差距在逐年缩小，主要的原因是多家银行通过核销、打包转让等方式进行了技术处理。2011 年至 2019 年，剔除乐清农商银行，乐清全市银行业通过核销、打包转让等方式处置不良贷款 330 亿元，处置不良率超过 30%，而乐清农商银行历史以来总共核销不良贷款仅 4.1 亿元。如果把核销等贷款还原回去，不良率也不过 2% 左右，而乐清银行业（剔除乐清农商银行）的平均不良率达到 32% 左右。

表 5-1　　　　2011—2019 年乐清银行业风险数据对比

年份	不良贷款占比（%）		关注类贷款占比（%）		不良贷款处置金额（亿元）	
	农商银行	全市银行	农商银行	全市银行	农商银行	全市银行
2011 年	0.70	0.81	0.42	—	—	—
2012 年	0.77	2.04	0.36	—	0.01	50.00
2013 年	0.65	4.03	0.25	2.80	0.04	20.37
2014 年	0.68	3.73	0.50	4.89	0.25	46.18
2015 年	0.93	2.96	0.35	6.11	0.44	77.72
2016 年	0.98	2.70	0.54	4.89	0.5	77.42
2017 年	0.96	1.91	0.64	3.55	0.2	44.54
2018 年	0.96	1.43	0.72	2.68	0.83	7.00
2019 年	0.96	1.27	0.60	2.37	0.86	7.00

资料来源：人民银行乐清市支行/乐清市银保监组。

　　另外，过去十年，乐清农商银行的不良率虽然在全市银行业和同系统中不是最低的，但一直保持低位运行，并且实现了业务和风控的双赢。对比浙江农信 81 家行社的不良贷款数据，2012—2015 年，在金融风波爆发期，乐清农商银行不良率一直都处于最低的前五名，远远低于浙江农信系统平均水平；2016 年，金融风波浪潮退却后，乐清农商银行不良率在同系统中反而上升至 "较高位"，2019 年末，高于温州农信系统 0.08 个百分点，排在全省农信系统第 40 位。兄弟行社、上级部门领导都问高剑飞，乐清农商银行盈利能力这么好，为什么不多核销一点不良贷款，让报表数据也好看一点。对于风险问题，高剑飞心里有一杆秤，他认为，银行本身就是经营风险的，风险不是越低越好，适度风险经营才能把经营潜力逼出来，不经营反而是最大的风险！农商银行想要在日益激烈的同质化竞争中生存下来，不仅要学会"与狼争雄"，还要学会"与狼共舞"。

2016 年 7 月 19 日，高剑飞在浙江省农信系统"两学一做"交流会上分享到：

2011 年金融风波及民间借贷危机爆发以来，温州是浙江乃至全国最早、最猛的地区，而乐清是温州的重灾区，银行业不良贷款率最高达到 4.95%。在这场大危机中，乐清农商银行不良率始终保持在 1% 以下，利润持续两位数增长，市场份额提升 10 个百分点，业务规模跃居温州同系统、乐清银行业首位。这一路能够平安走来，我们认为战略、制度、文化在中间发挥了关键作用，缺一不可。一是坚持"以小为美"，保持战略定位。乐清农商银行这几年的逆势成长，我认为核心因素不在于管理或技术，恰恰是我们选择了一条"小而美"的路。二是坚持"合规经营"，强化制度约束。温州金融风波重要原因在于企业脱实向虚过度融资，银行违规经营过度授信。为了确保战略定位不偏离，我们健全机制引导信贷资产向"小而美"发展。三是坚持"以人为本"，加强文化引领。一路走来，我们逐渐沉淀并形成了我行特色的文化基因，这些基因变成了一种激励约束机制，成为我们的价值认同、行为准则和行动自觉。

高剑飞的分享其实已经道出了乐清农商银行风控模式的真谛，银行的风控模式必须与发展模式相匹配。过去十年，乐清农商银行围绕"小

而美"模式，在风控理念、风控技术、风控机制上进行独立创造，形成了一套"小而美"微贷风控体系，与业务"打法"相辅相成，有效保障可持续发展。

第1节　有所为，有所不为

对于银行而言，业务发展是第一要务，风险控制则是生命线。两者的关系就像汽车的油门和刹车。开车的时候，不能简单粗暴地大脚油门、大脚刹车，需要油门和刹车相互协调，良好配合，汽车才能平安行驶。乐清农商银行在转型的前期也碰到很多比较难协调的矛盾，比如业务部门认为准入要放、风险部门则认为不能放；业务部门认为风险金要免、风险部门则认为不能免；业务部门认为标准要模糊、风险部门则认为标准要清晰；业务部门认为流程要短、风险部门则认为流程要长；业务部门认为要精简佐证资料、风险部门则认为要规范佐证资料等。

高剑飞认为，这就是理念问题，在乐清农商银行的转型发展中，执行层僵化的理念是"中梗阻"。如果风控理念不解放，支行行长、部门总经理等不担当，就会产生"拦阻"，甚至"拉倒车"，部门出发点不一样很正常，但最后必须统一思想。风控要做业务推进的"清道夫"，而绝不能成为业务发展的"拦路虎"，这是乐清农商银行管理层多年以来的共识。近十年来，该行快速转型背后的一个"关键逻辑"，就是理念先行，明确告诉基层哪些业务可以放开手脚做，哪些底线绝不能触碰，做到有所为，有所不为。

1.1　大数法则

"大数法则"又称"大数定律"，或"平均法则"，是一个统计学的基本原理。人们在长期的实践中总结发现，大量的、在一定条件下重复出现的随机事件呈现出一定的规律性和稳定性。

具体到银行业，大数法则在实践中主要有营销和风控两个方面的分析运用：从营销方面看，所有的业务销售都遵从大数法则，即一个业务员的客户越多，成交的机会就越多，业绩往往也会越好。因此，每个业务员一开始都必须寻找并积累尽可能多的客户，而这个阶段往往业务量并不高。但是随着自己的努力和资源的积累，成交量会逐渐达到甚至超过同行的平均水平。从风控方面看，尽管小额贷款的逾期概率比精挑细选的大额贷款要高一些，但只要达到一定的量，不良率自然会趋于稳定。所以，客户经理在刚起步阶段，客户量较少的时候风险就高，当后期精力投下去了、量上去了，整体风险就不大了。

在小贷风控方面，很多银行的做法倾向于研究小额贷款的风控标准和模型。但高剑飞对小贷风控想法不一样，他说，目前很多银行在贷款风险防控上存在误区，往往把小额贷款标准定得和大额贷款一样。而一旦把小额贷款标准定得很复杂，没有兼顾效率性和规范性，面就扩不开、量就做不大，反而会增加风险。比如，客户申请 30 万元贷款，通过输入几十项指标，如果模型判断出客户只能贷 25 万元，那么为了防范这 5 万元风险，就要花费大量时间和人力成本，并且实际的意义并不大。

2015 年，高剑飞在年度工作会议上指出，小贷风控要看概率，不能看个案，必须从概率上去分析和把控。他从乐清农商银行自身数据分析得出结论：只要把资产客户做小、做散、做广，剔除道德风险外，整体风险是不大的、是可控的。从历史以来的 30 万元以下不良贷款数据看，整体的不良率为 0.46%；从整村授信白名单制批量获客的数据看，整体不良率仅为 0.36%。他说，小额贷款的不良率本身就不高，加大营销后即使风险大一点，也没什么好怕的。

这就是乐清农商银行的"小贷哲学"，贷款客户会变成稀缺资源，银行找小贷客户就像"找对象"，不能太挑三拣四，否则容易变成"剩男剩女"。而且小额贷款逾期后比较容易协商化解，逾期收回率比较高，就算真的出险损失也不会太大。

1.2 收益覆盖风险

温州金融风波爆发以后，由于银行不良资产上升压力显著加大，银行一线信贷人员普遍出现惧贷惜贷的心理，乐清农商银行客户经理也有同样的"心理问题"。那时大部分客户经理认为，贷多错多，一旦出风险就要被扣除风险金，放贷产生的薪酬还不够抵销风险金，不如少放些贷款。高剑飞看到，如果这种心态和形势持续下去，银行也会出现"滞胀"，进而导致业务和风险两头糟。为了扭转局面，他又提出"收益覆盖风险"的理念。

为向基层灌输"收益覆盖风险"的理念，乐清农商银行出了三大"实招"，帮助客户经理调整心态、转移视线，把气力优先聚焦到做大贷款客户数量上。

第一招让客户经理敢贷。给予客户经理 0.8% 的不良贷款容忍度，只要不良率在容忍度以内的，薪酬考核时就可以免除扣罚。同时，对通过整村授信"985"工程验收的贷款按三分之一计算不良贷款，小微企业不良贷款按一半计算等。

第二招让客户经理想贷。实行模拟利润考核，降低贷款资金卖出价格，并开发模拟利润考核系统，为客户经理直观展现每一笔贷款发放产生的模拟利润，以及模拟利润对应的年末绩效薪酬。

第三招让客户经理多贷。给客户经理下达贷款提额任务，每年在存量贷款客户中找出 10% 的对象，通过归集客户在他行的贷款等方式主动提额，10 万元以下小额贷款原则上由总行统一通过线上发放，鼓励客户经理足额满足客户实际需求。

乐清农商银行近几年数据也能够证明"收益覆盖风险"的理念：2018 年新增贷款 33 亿元、贷款利息收入增加 2.1 亿元左右，不良贷款仅增加 5 000 万元左右；2019 年新增贷款 40 亿元，贷款利息收入增加 2 亿元，不良贷款增加 5 500 万元左右，新增贷款的收益完全覆盖新增不良风险。

1.3　倒金字塔

2014 年以前，在扩面发展的初期阶段，银行贷款市场尤其是零售市场还处于卖方市场，当时乐清农商银行在选择个人客户时条件还是比

较严格的。他们将个人客户分层形象地比喻为一个"金字塔模型"。

位于金字塔顶部大约 20% 的客户是一般认为有资产抵押、有稳定收入的"优质客户"，这批客户有较大的现金流量和贷款融资需求，能够为银行带来更显著的业绩提升。温州金融风波爆发后，各大银行纷纷转战零售市场，这部分"优质客户"就成为各家银行主攻的目标客户群。而位于金字塔中底部的 80% 客户，量大面广，在市场空间中占据最大的比例，但是由于户均规模小，存贷款能力弱，对银行业绩的改善不直接、不显著，以往大多数银行没有过多涉足。

在争夺塔尖"优质客户"的过程中，各家金融机构使出浑身解数，采取了不同竞争策略，给这些客户带来了更多的选择机会，客户多头融资、银行过度授信等情况层出不穷。乐清农商银行认为，这批"优质客户"在不久的将来，也可能会像温州金融风波爆发时的大企业一样，由于过度的融资而发生风险。与其去争夺有风险的"塔尖"，不如转战"塔腰"和"塔底"，这些客户是有待拓展和深挖的"金矿"。

然而，乐清农商银行在转战客户金字塔中底部的 80% 客户时，由于基层支行网点对这部分客户不了解，认为风险大，很难向下拓展延伸，客户量始终上不去。于是，高剑飞开始琢磨了，从客户金字塔正向向下拓展是很难，这种拓展方式会因为客户的风险程度不断增加，而导致客户经理产生畏惧心理。不如把金字塔模型倒置，采用"逆向筛选"，把嗜赌、吸毒、刑事拘留、过度负债等负面客户剔除，其余客户一律给予授信，这样就能把客户延伸下去了。这就是后来被乐清农商银行称为"倒金字塔"的理论。该行相信大多数客户都是好的，在风控上只要防住软信息可以识别的 5%~10% 金字塔底部负面客户就可以了。这样的

"打法"看起来比较粗暴，甚至有点"傻"，但一线人员执行起来却非常清晰，不存在"讲不清"的模糊地带，这就是"相信"的力量。

1.4　"三不违"底线

"大数法则、收益覆盖风险、倒金字塔"理念使得乐清农商银行"有所为"，接下来重点阐述一下乐清农商银行"有所不为"。

2019 年 7 月 26 日，招商银行行长田惠宇在朋友圈的一篇热文《招行离冬天还有多远》中提出：银行的核心竞争力来自"不作死"，耐得住寂寞、忍得住诱惑，坚持做正确的事，等同业动作变形了摔跤了，你就熬成了冠军。乐清农商银行就具备了这种"不作死"的核心竞争力，始终守住不违规、不盲目、不攀比"三不底线"。

不违规。高剑飞认为，不合规经营取得的业务发展，是空中楼阁，是得不偿失的。在金融乱象面前，要保持清醒的头脑，不能乱了阵脚，不跟风，不盲从，走自己的合规经营、持续发展之路。

金融风波以前，温州银行业通过贷款配搭银行承兑汇票的授信模式非常常见，乐清农商银行也同样存在分支机构依赖票据业务虚增存款的情况。当时，该行承兑业务余额最高达到 10 亿元。但某支行一笔大额承兑汇票业务 600 万元出险给他们带来极大的震动。

在这次事件中乐清农商银行充分认识到承兑汇票业务的潜在风险。一是存在违规隐患。在承兑汇票保证金这一长期稳定存款的诱惑下，承兑业务很难"守规矩"，就是在企业无真实贸易背景的情况下，虚开大

额银行承兑汇票，或是贷款时强行搭售全额保证金银行承兑汇票，风险隐患很大。二是极易脱保。由于承兑汇票大多存在虚假贸易背景，一旦出险担保人容易脱保。三是不利基础。依赖承兑业务使得当时支行忽视基础工作，存款虚增大起大落。如果为了快速做大规模继续放任发展，迟早会为其埋单。

这次事件既是一次教训，也让乐清农商银行下定决心整治辖内票据业务的不规范行为。针对虚假交易背景极易脱保的风险隐患，乐清农商银行出台一系列整顿措施：一是强化审核。规定只做有真实贸易背景的承兑业务，针对税票原件无法辨别真伪、贸易背景难以掌握等情况，实行"企业承兑总额"与"纳税销售额"匹配、税票网上核对、增值税发票与国税抵扣单钩对等有效管控措施。二是考核引导。将承兑业务均作为满足客户需求的基础产品来管理，不计入客户经理的业绩考核，不鼓励机构以此做大负债业务。三是严格问责。一旦违规办理承兑业务造成风险，立即对相关责任人从严处理。

通过一系列措施，乐清农商银行主动退出承兑汇票业务9.6亿元，全行承兑汇票票面余额仅0.4亿元。

根据相关部门统计，2011年温州金融风波中，乐清银行业50%的不良贷款都产生于票据业务。

不盲目。疯狂背后必有大风险。2009年，各大银行纷纷准入支持大企业、大客户时，他们没有盲目乐观，才有今天风险整体可控的良好势头。

2008 年，乐清造船业处于鼎盛繁荣时期，各家银行纷纷准入大力支持。据统计，当时造船业信贷支持超过 30 亿元。

2008 年末，乐清农商银行对造船业授信达 3 亿元左右。在鼎盛繁荣时期，相关网点也纷纷要求总行能在信贷规模、担保方式、贷款额度等方面给予政策倾斜。

然而，乐清农商银行当时并没有盲目乐观。针对基层要求，乐清农商银行进行了大范围多层面的讨论。为正确决策，总行对造船业进行实地走访、深入了解。经过调查，发现本地造船业在以下几个方面存在风险隐患。一是宏观形势下滑。2008 年美国次债危机影响全球，国际海运吞吐量紧缩，"波罗的海"指数从 5 月的 11 000 点下滑到 10 月的 1 000 点以下，订单开始减少，负面影响开始显现。二是经营模式缺陷。本地造船业经营模式为，购船者支付 10%~20% 的定金，交船时一次性付款，这样的模式在经济下行的环境下极易出现弃船风险。而且该行通过实地走访和侧面调查发现，本地企业生产经营所用场所归属村级集体所有，造船业暴利引发企业主与村级集体之间的冲突，影响企业正常生产经营。三是风险集中度高。暴利吸引了大量的银行资金、民间资金等资本进入这一行业，民间月利率一度达 3~5 分，而且行业互保现象严重，关联集中度风险极大。

温州金融风波前夕，乐清农商银行通过这一系列行业状况预警分析，果断主动退出造船业贷款，所以又逃过一劫，至今没有出现一笔损失。

2012 年，造船业遭遇寒冬，乐清本地造船发生大规模弃船事件。造船业贷款大面积出现逾期，乐清银行业的造船业信贷资金几乎全军覆没。

不攀比。乐清共经历过"三波"风险,第一波是炒房,第二波是炒矿,第三波是炒金融。企业老板经常炫耀自己哪里有房、有矿或担保公司等,而乐清农商银行则对涉及这些行业的客户敬而远之。在他行考核抵押贷款占比时,高位退出抵押贷款。

金融风波前,乐清有"三高":房地产贷款占比高、房产抵押的贷款占比高、实体企业涉足房地产的占比高。而且乐清的房地产市场呈现一个特点,楼盘并不是专业的房地产公司开发,大多数项目由本地企业涉足开发,"大企大投、小企小投"是当时非常普遍的现象。而高剑飞却不崇尚抵押论,对这些企业保持警戒,从源头开始切断,对从事房地产开发、投资的大企业、大客户,严格控制 300 万元以上的抵押贷款,对 300 万元以上抵押贷款利率加点,抵押贷款占比从最高 36% 下降至15% 以内。

2011 年企业跑路潮开始后,房价在市面上下跌过半,很多涉及房地产的企业由于资金链断裂倒闭关门。抵押房产,也很难处置,经常流拍。

第 2 节 "土办法"挺管用

有媒体报道,2017 年 9 月 13 日任正非在伦敦 FRCC(财务风险控制中心)听取贸易合规和金融合规汇报时,发表了对管理风险等问题的看法。任正非称,管理风险的人要懂规则,更要懂业务,要负责把规则转化成业务行动，并监督落实；金融合规的目标也是多产粮食，而不是影响或阻碍粮食的生产。绝不允许为了风控，为了个人业绩，把业务逼上梁山！

乐清农商银行通过不断实践，探索形成了一整套本土化"小而美"微贷技术，正如上面任正非说的，保障了该行"微贷产量和风险"，持续推动业务健康快速发展。在一次全省农信系统风险交流会议上，高剑飞对乐清农商银行的微贷风控技术进行了这样的评价：

乐清农商银行风控体系已覆盖贷前、贷中、贷后、不良贷款处置各个环节，主要有以下特点：一是可量化。按照"小额简便、大额规范"的原则，明确制度化准入标准，形成了"小额贪婪、大额恐惧"的宽严相济的风险管理模式。二是易操作。德国、中国台湾的微贷技术是基于健全的社会征信体系，而在现有的征信体系下，乐清农商银行更加注重数据的便利性和真实性，并对贷款流程进行了智能化、电子化、系统化改造，方便客户经理操作。三是低成本。风险控制是有成本的，乐清农商银行微贷风控兼顾风险和机会成本，以降低人均管贷成本为目标，着力于构建业务、风险与效益的最佳平衡点。四是人情味。对贷款出险的客户具有包容性，明确要求以调解为主、诉讼为辅，通过"救他"最终实现"自救"。

从时间序列看，乐清农商银行微贷技术从最早的经验判断模式到现在的制度化、模型化、智能化准入，共经历了大致四个阶段：

第一阶段：经验判断风控模式（2010年以前）

各项机制不健全，特别是风控管理起步较晚，在风控上也没有较为完善的其他先进个例值得借鉴和学习。在这一阶段，完全是凭借意识判断和管理经验摸着石头过河。比如退出涉房投资贷款及造船业等大额贷款、退出贸易背景不真实的银行承兑汇票等。

第二阶段：制度约束风控模式（2010—2013年）

前几年经验式的风控管理虽有一定效果，但管理上有很大的随机性与偶然性，缺乏执行的统一性，尤其是如何保证决策层的战略执行定力，不能只停留在理念层面，在制度上必须定"调"。没有"调"，在决策时就存在可左可右的犹豫。在这个期间，乐清农商银行出台了企业贷款十准十不准、个私贷款五类人贷款管控、贷款三查模板等制度。

第三阶段：量化管理风控模式（2013—2017年）

风险管理制度的初步建立，一定程度上发挥了筛选、识别、防控风险作用。但是在日常管理中，乐清农商银行仍存在现有制度无法有效管理的情况。比如对私贷款准入完全受星级贷标准的影响、存量对公客户的风险识别标准粗放等问题。于是该行着手探索量化管理风控技术，对信贷客户进行有效分层。这个期间的标志性事件就是研发了"两个模型"即企业风险测评模型、个贷风险测评模型。

第四阶段：大数据支撑风控模式（2017年至今）

随着风控技术的不断发展，调查人员获取风险信息的渠道越来越多，牵涉内网外网多个系统，另外客户经理管贷规模逐步提升，合规和效率之间形成了一定的矛盾。于是该行又开始着手建立风险信息数据库，通过大数据支撑提升风控的效率，电子化三查系统应运而生。

根据贷款管理的各个环节，乐清农商银行微贷风控技术在贷前、贷中、贷后、不良贷款处置方面都有自己的"土办法"，从实际的效果看，这些"土办法"发挥了大作用。

2.1　贷前：宽小额，严大额

贷前调查准入关是风险控制的第一道关口。第一道关口守好了，后面麻烦就会少很多。高剑飞认为："在准入关上，大额贷款和小额贷款要区别对待，大额要规范、小额要简便，大额要恐惧、小额要贪婪。第一道关口守好的关键是在战略方向上有没有定力，在市场定位上能不能坚持住。"乐清农商银行在贷前的打法就像"太极"，全面融入了"做小不做大"的心法，阴阳分明、宽严相济。

宽小额。在小额贷款风控上，乐清农商银行的策略是效率优先、宽进严出，侧重于看资信、看人品、看还款意愿。因此，在设计小额贷款制度化准入的时候，在个贷准入上，主要采用负面清单制、风险高发"七类人"管控、"三有三无"尽职免责等技术；在小微企业准入上，主要采用"三查三看"等技术。

（1）负面清单制。小额贷款不能同大额一样精挑细选，要采取逆向选择和排除法进行筛选。乐清农商银行根据征信等相关准入标准将客户分为正常类、关注类、禁入类，小额贷款只要不是禁入类客户，不违反文件中的禁止类、原则类等制度规定，一律允许准入，30万元以下贷款金额可由信贷人员自行评估把握。

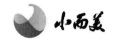

（2）"七类人"管控。2010 年，乐清农商银行着手对零售业务高风险客户特征进行数据研究分析，通过对发生不良贷款的客户分类分析提取共性，认为符合"七类人"特征的贷款风险较大，需要加强准入和退出管理，对新增客户禁止准入，对存量客户提高风控要求。第一类，短期积分贷款。为了获得更高的贷款额度或者更低的贷款利率，借款人向亲朋好友借钱或者通过中介来虚冲存款积数，以提高授信资质。第二类，跨地区贷款。由于在本地网点难以取得授信等原因，向农商银行跨地区网点获得的贷款。第三类，离异客户贷款。乐清农商银行认为家庭不和谐，且无相应资产的人贷款风险相对较大。第四类，关联人互保贷款。乐清很多关联企业的实际控制人就是同一个人，这种担保实际上就等同于信用，并且相比普通的信用又放大了贷款额度，风险较大。第五类，人情贷款。指借款人或担保人虽然表面上无不符准入的情形，但实际资质与贷款额度不匹配，信贷人员由于各方面因素放松把关而予以发放的贷款。第六类，信用卡过度透支贷款。近 6 个月平均透支额度达该张透支卡授信额度 90% 以上的现象。第七类，高息融通类贷款。从事典当行、担保公司、民间借贷中介、小贷公司等高息资金借贷行业，或已向以上机构融入高成本资金的对象。

（3）"三看三查"。乐清的小微企业普遍存在一套账三套报表等财务制度不健全的现象，乐清农商银行针对 200 万元以下的小微企业客户，弱化了小微企业报表要求，提出了小微企业贷款"三看三查"的准入要求，即看产品、查交易；看人品，查信用；看数据，查流水，除了看借款人经营情况外，更侧重于看企业实际控制人的资信、人品、还款意愿等软信息。

（4）"三有三无"尽职免责。"三有三无"微贷技术是微贷风控的农信样板，而"三有三无"微贷技术的最早实践者就是乐清农商银行。该行推出该技术主要有四方面的背景。一是缺乏核心技术。乐清农商银行巩固农村主阵地战略急需落地，为快速批量获客，需要有一套简单易行的方法论。二是扩面存在误区。农商银行过去对客户定位依然过高，对信用村理解不透，过分重视贷款客户的存款和资产。但面对新的农村金融竞争业态，这样的观念显然已经过时了。三是风控存在盲区。当时还存在 30 万元以下多凭经验判断、30 万元以上多重存款积数的管理短板。四是出现惧贷心理。农村信用环境破坏后，出险概率激增，客户经理免责标准模糊，惧贷惜贷心理普遍。"三有三无"微贷技术就是乐清农商银行配套示范村创建和个贷尽职免责的风控技术。

"三无"定贷：无不良资信，即征信符合本行正常类标准且无担保链风险及工商、法院、税务、环保等不良信息。无不良品行，即诚实守信、身体健康、无涉及赌毒等不良行为，主要通过示范村创建前期的交叉验证获得信息。无过度融资，贷记卡近 6 个月平均透支额达 90% 的卡数不超过 2 张，总融资行不超过 3 家（含本行），融资总额与经营规模匹配且不超过家庭可计资产的 70%。"三有"定额：有稳定职业，即有正常且经营久期满 1 年以上的农业、工商或服务业生产经营，或当前所就业的企事业单位工作满 1 年以上。有固定住所，即客户拥有产权清晰的自有住所或共有住所，如产权所有人为非客户本人或配偶的其他家庭成员，则该家庭成员应提供连带责任保证，其可计资产与负债应一并记入评价。有和谐家庭，即家庭和睦、家庭对借贷用途持统一支持意见，还贷意愿良好。

在乐清农商银行，对个人小额贷款，只要符合"三有三无"标准，贷款出险后对客户经理是一律尽职免责的。

在乐清农商银行小贷风控技术的保障和引导下，客户经理对小贷风险识别逻辑发生了根本的改变，原来的逻辑是为什么给客户 30 万元贷款，后来的逻辑变成为什么不给客户 30 万元贷款，该行对小贷的制度化准入标准追求的是一种"模糊"的精准。

严大额。在大额贷款风控上，乐清农商银行的策略是风控优先、严进宽出，新增大额贷款在制度上不留口子。把大额贷款定义为企业保证类贷款 500 万元以上、个人保证类贷款 300 万元以上，并专门制定了大额贷款管理办法、小微企业"十准十不准"等制度。

（1）严禁大额贷款准入。为掐灭一线人员"做大"念头，乐清农商银行在大额贷款管理办法中明确规定新增大额贷款一律不得准入，存量大额贷款根据"两个模型"逐步压降或退出。严控大额贷款。新增保证类 500 万元以上的企业贷款、300 万元以上的个人贷款一律不得准入。严控多头贷款。对客户融资银行数量做出规定，明确对融资银行已达 3 家的企业和个人坚决不予准入。

（2）"十准十不准"。针对小微企业流动资金贷款，过去侧重于财务报表、流动资金测算等分析，后来侧重于企业现金流、企业融资担保总额、实际控制人资信、纳税销售额等更加真实性指标，主要包括：基本标准、产业标准、经营年限标准、经营现金流量标准、信用状况、融资及担保、区域标准、股权情况、授信额度标准、销售额标准共十大指标，并围绕十大指标制定了相应的准入和不准入规定。

（3）两个模型，两个标准。为控制存量大额企业和个人贷款风险，乐清农商银行进一步推出"两个模型"即企业和个人贷款风险评价模型，"两个标准"即企业和个人贷款准入标准，对其风险进行有效识别。

企业贷款风险评价模型主要用于存量 500 万元以上的大额企业贷款的风险识别，是在"十准十不准"静态准入标准上，以十大指标为变量，建立的动态量化客户风险度的评价体系。存量客户最终根据评分结果确定为支持类 100 分以上、维持类 70~100 分、压降类 70 分以下。

个人贷款风险测评模型主要用于存量 300 万元以上大额个人贷款的风险识别，是结合个私贷款的相关制度建立的，包括融资家数、资产抵债率、现金流等，得分低于 100 分的，根据拟贷款额度 × 测评得分 /100，确定最终的贷款额度。例如计划贷 300 万元，打分 90 分，最多可贷 270 万元。

"两个标准"即个人、企业贷款准入标准。对模型评价量分低于 70 分的存量客户等列入名单，建立名单制负面清单，规范名单制管理"四要求"：要求实时更新名单；要求提出"一户一策"管理措施；要求督促风险化解进程；要求持续跟踪直到风险隐患消除或客户清偿贷款。

（4）星级化准入。对 30 万 ~300 万元的个人贷款，该行要求"星级准入"。贷款客户"星级"由客户现金流决定，现金流越大，星级越高。在乐清农商银行的个贷实践中，贷款客户现金流量对衡量客户经营状况和头寸情况直观有效。

因此，在乐清农商银行个人贷款各区间段风险中，个人贷款 30 万 ~300 万元的不良率反而低于个人贷款 30 万元以下（含）的不良率，

"星级准入"制度作用显著。

在乐清农商银行一系列大额贷款准入制度的规范下，过去的风控逻辑是这笔大额贷款客户好不好、业务要不要做，现在的风控逻辑是只要是大额贷款，不管客户有多好都不做。历史上存量的大额贷款客户通过模型技术逐步压降退出，对不符合"两个标准"的大额贷款客户，综合运用利率加点、担保强化、星级标准等措施明确给予3年期限，逐步压降退出。

2.2　贷中：新手也能大胆上路

贷中授信审核关是风险控制的第二道关口。第一道关口把好了，第二道关口就是贷款"三查"，这是具体的风控流程和效率的问题。前文多次提到，农商银行客户经理在风控能力上参差不齐，现实中客户经理上岗大都是通过以老带新、师傅带徒弟等土办法，客户经理没有系统学习信贷实操，通常风控流程到不到位都要看师傅好不好，新手一不小心就会成为"马路杀手"。乐清农商银行在早期就开始思考如何完善贷款"三查"，避免"马路杀手"酿成悲剧。

贷款"三查"流于形式是老生常谈的话题。乐清农商银行在2010年以前贷款"三查"并没有一个统一的格式，每家支行的做法都不一样，很多调查的内容无法反映客户的真实情况，甚至存在个别信贷人员规避风险信息的情况。为了将贷款"三查"落到实处，避免"应查不查、能查漏查"，乐清农商银行制定了标准化"三查"模板，明确必须调查的内容，防止信贷人员回避风险信息或"三查"报告空洞随意的现象，确保"三查"标准、监督制约与责任倒查"三到位"。乐清农商银行"三查"模板完善经历了三个阶段：

2011—2014 年，形成以贷款用途监管为核心的"三查"模板，当时监管部门推出"三个办法一个指引"，推出的"三查"模板较好地解决了用途监管的问题，单笔调查时间通常在半个小时左右，但是对风险信息的调查仍不全面。

2014—2017 年，形成以风控要素组合为核心的"三查"模板，乐清农商银行开始注重风险信息的全面调查，需要调查的内容逐步增多，涉及内外网多个系统，有效防控了信用风险，但单笔调查时间需要 1 个小时左右，风控和效率之间的矛盾开始显现。

2017 年至今，试点线上"三查"电子化风控平台。电子化"三查"系统用于个私贷款，集核心系统、信贷管理系统、征信系统、反洗钱系统、法院涉诉等于一体，实现一站式查询。主要具备三个功能：一是制度嵌入。自动识别是否属于乐清农商银行禁入类、关注类客户。二是自动取数。实现法院、征信、黑名单、关联人等内外系统数据自动抓取。三是风险提示。将风险信息高亮显示，并集中展示给经办人。

在乐清农商银行，就算新任客户经理，都可以轻松办理企业和个人小额贷款，尤其是在个贷电子"三查"模板推出后，极大地提高了"三查"效率，单笔贷款"三查"可在 5 分钟内完成，真正做到了让新手也能大胆上路，被乐清农商银行客户经理评为"最伟大的发明"。

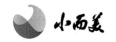

2.3 贷后：系统自动"找碴"

贷后检查作为风控第三道关，是最容易忽视的，但如果做得好，也有很大的价值。前文提到在乐清农商银行"资产为王"理念下，乐清农商银行贷款户数飞速增长，客户经理人均管贷户数达到700户左右，最高的甚至达到2 000户以上，如果贷后管理效率跟不上，这些客户经理只能疲于应付存量贷款客户维护，想再腾出时间拓新几乎不可能。高剑飞说："客户经理是我们前方的将士，冲在前线很辛苦，我们的中台部门必须要多思考如何帮他们减负，这样才能有更多时间投入新的战斗。"这几年，乐清农商银行一直在贷后检查和风险预警效率提升上下苦工，帮助客户经理减轻管贷负担。

2017年，乐清农商银行开始着手建立批量贷后管理系统。这个系统的规则跟电子"三查"系统类似，把有风险提示的信息提取出来，再与贷前风险提示的信息匹配，最后把有变化的风险信息推送给经办客户经理。客户经理对有风险提示的贷款逐笔开展贷后检查并反馈，没有风险信息提示的就视同为贷后检查正常。这个系统还有管理功能，把风险信息进行分类汇总，并预测每笔贷款的损失情况作为不良预测的依据。

同年，乐清农商银行上线了省农信联社开发的智能化预警系统。根据违规信息、疑似借冒名贷款、信贷资金流入保证人账户、担保链风险、抵押物状态变动、不良客户存款账户资金变动等情况进行智能分析，进行风险预警。

在乐清农商银行，大额贷款和小额贷款贷后检查的频率也是不一样的，30 万元以下贷款贷后检查调整为 1 年 1 次，大额贷款则要逐笔按季度检查、实地走访，小额贷款批量化贷后检查解决了绝大部分客户经理的后顾之忧。

2.4　处置：春风总能化雨

在乐清农商银行，对贷款出险的客户是有很大的包容性的，明确要求以调解为主、诉讼为辅，只有针对老赖才采取司法手段。高剑飞说："客户暂时有困难，不能过河拆桥或落井下石，银行救客户就是救自己，客户有希望银行才有希望。"根据借款人的实际经营情况，对风险贷款调解处置分为风险化解、分期和解、协助脱困。

风险化解"四个原则"。对借款人仍在经营但暂时遇到资金周转困难的，采取化解的方式，并充分放权给支行，只要符合"四项原则"就可以化解，鼓励支行使用"转贷宝"产品以贷还贷。"四项原则"包括：一是有收入来源。有收入化解方案实施才有保障，没有预期收入的肯定不能化解成功。不一定是经营收入，其他房租收入、固定资产出售收入等都算，底线就是还得起化解贷款的利息。二是还款意愿好。客户主动上门谈化解事项就好办。有些贷款逾期后，客户连电话都不接，通过很多人找来办理化解，费了很多工夫，结果化解后连利息都不还，客户没意愿的话即使化解了也是无效的。三是金额逐次降。每次降额不做强制要求，但是必须要降。四是担保不弱化。原担保至少要保持，最好做法是要求追加子女担保，这样化解成功的概率会很大程度地提高。

分期和解"借力打力"。对借款人自身经营关停没有收入来源、需

通过处置资产还贷的，采取调解方式。通常是在起诉后，签订分期还款协议，借款人未按期还款的，立即申请执行。并借助政府平台、村委、所在单位、亲戚、朋友等多种渠道，及时办理债务人资产出让，形成化解不良资产的合力。

例如，乐清农商银行着力推进金融纠纷多元化解机制建设。2019年，由乐清市人民法院、乐清市公证处、乐清农商银行共同发起的乐清市金融纠纷化解工作室在乐清农商银行正式挂牌成立。依托金融纠纷化解工作室，推广"赋强公证"等多元化解新模式，提供一站式纠纷解决和一站式诉讼服务。这种新模式至少有三点好处：

一是有效解决司法处置难题。因溯源治理要求，法院每年的立案数量须逐年下降，通过该模式绕过了诉讼这一司法处置路径。

二是有效缓和化解处置纠纷。解决了部分客户不愿上法庭的担忧，缓和了银行与化解客户的关系。

三是有效保障金融债权实现。提升了借款人、共同还款人和担保人的履约意愿，实现违约客户快速执行，减少实现债权费用。

协助脱困"雪中送炭"。对自身经营情况良好，仅受担保链牵连的企业，采取协助脱链解套。

2013年2月，辖内某支行向总行提交某贸易企业续授信2 000万元的申请。该企业在乐清农商银行属贷款大户，在调查过程中，乐清农商银行发现该户企业属于非常典型的受两链风波影响的企业。假设该公司为 A 企业，A 为 B 担保，B 为 C 担保，C 为 A 担保。因为 C 企业出险，A 和 B 企业均受牵连。但 A 企业在乐清农商银行的担保除了 C 外，另外还有两家担保企业，其中一家实力好，无担保圈，另一家实力较弱。

经过现场调查，乐清农商银行做出初步判断：企业自身经营状况良好，过去两年年纳税销售数据均有 4 亿元左右；融资总额在合理水平（4 000 万元），未涉及任何对外投资；担保链较为简单，有条件可以退出担保链；企业主自身风险意识较强，企业双链风险爆发后，企业主自身也在主动地降融资、解担保。

在帮扶企业的立场上，乐清农商银行为企业量身制订了授信方案：一是承诺企业不抽贷不压贷，保持原额度全额授信；二是帮助企业切断担保链风险传导，以此次授信为契机，退出担保圈，既不需要 C 的担保，也不为 B 进行担保；三是解决担保不足的问题。面对退出担保圈后授信担保不足的问题，乐清农商银行仅要求追加企业股东家庭成员为担保人。后来，该企业已经走出担保圈的困境，生产经营情况良好，并主动退出其他行授信，仅剩乐清农商银行授信 2 000 万元且平常日均用信只有 60% 左右。

不良处置"重调解、轻诉讼"已成为乐清农商银行的一种风控文化。他们认为，在不良贷款处置中，以诉讼方式处置的占比过高的客户经理是不称职的，是对农村市场不熟悉的表现，是没有做好基础工作。

乐清农商银行虽然贷款基本面良好、整体风险可控，但在业务发展过程中，也一直在与不良贷款作斗争、打交道。自 2011 年至今，乐清农商银行累计出现不良贷款 10.66 亿元，已处置收回 7.41 亿元，余额

3.25 亿元。可以说不良处置到位也是该行风险防控中的重要一环。

第3节　管住风险背后的人

乐清农商银行把引发银行风险的原因归纳为三种：第一种，由员工无意而为的"能力风险"引发；第二种，由员工擅自而为的"违规风险"引发；第三种，由员工有心而为的"道德风险"引发。防范第一种风险和第二种风险，相对比较容易，而第三种是最难防范的。据统计，银行业发生的案件中，有80%源自自身的道德风险，从银行发生的大案、要案来说，也基本上和银行内部人员有关系。

金融风险的背后都是人的原因，对如何防范"人"的风险，高剑飞在2015年就提出了自己的思路。

要建立一套"依法治行、合规经营"的治行方略，以培育合规文化为着眼点，完善内控机制建设，做到"三个结合，三个为主"：惩防结合，以防为主。全面推进惩防体系建设、员工违规积分管理。查改结合、以改为主。探索作风评价机制，开展飞行式、替代式检查，加强对领导干部的监督管理。罚教结合，以教为主。强化员工交流中心、不良听证制度等警示教育作用。

因此，乐清农商银行对"人"的风险防范一贯保持高压态势，建立了一整套使得员工"不能违、不敢违、不想违"的激励约束机制，努力把能力风险和违规风险消灭在萌芽状态，不让由员工有心而为的道德风险酿成"风险大案"。

3.1　让员工不能违

银行的价值导向、管理模式、权责分配等都会影响员工的行为选择，一旦让员工有机可乘，就会引发相应的风险。乐清农商银行提倡"去领导化、去中心化、去权力化"的理念，把员工违规的空间透明化并逐步压缩。

在价值导向上，提倡"去领导化"。乐清农商银行认为，这笔业务能不能做或这样操作行不行，不能让领导说了算，要让制度和机制说了算，否则就是"人治"，"人治"就会产生特权。

在乐清农商银行，总行领导班子形成了"四管四不管"价值导向，做到了既集权牢牢把握战略总方向，又放权不违规干涉具体业务。"四管"即管方向，把控支农支小、合规经营主方向；管制度，不管具体操作，建立合规竞争、合规操作、合规排查的政策和制度，并严格督促执行；管绩效，实行目标考核，对触红线进行目标问责；管队伍，带好支行班子、客户经理队伍。"四不管"就是不干涉、不推荐、不接触，不参与。不干涉就是不干涉放贷的决策权，领导不指手画脚，审核建议自下而上而不是自上而下；不推荐就是不向基层推荐贷款，把贷款客户选择权留在基层；不接触就是不接触贷款客户，领导不参与企业老板往来，影响判断决策；不参与就是不参与客户的投资、不与客户发生资金往来。

只有高层对制度敬畏了，才能杜绝基层以命令和人情代替制度的陋习，让员工清醒认识到"不能违"。乐清农商银行有一位支行行长说："正

是'四管四不管'的价值导向,我们基层都知道大额贷款、人情介绍贷款等报到总部或找领导说情根本没用,因而也断了我们在这些方面的想法,沉下心来做好自己的事。"

在审贷模式上,提倡"去中心化"。温州金融风波以后,很多银行纷纷上收贷款审查、审批权限,改为集中审贷、集中办贷模式,增加了风险控制的节点。而高剑飞始终认为,流程越短、责任越明、风险越小。他说:"流程短、速度快是乐清农商银行在贷款业务上的最大优势,不能因为一些个案就因噎废食,放弃了传统的优势。流程越长风险越大,每个审查审批岗位都可能存在道德风险;流程越长追责越难,经过审批的岗位越多,大家越没有责任,甚至有时候经办人说总行都审批过了,很难落实处罚责任。"

乐清农商银行其实也试点过集中审贷模式,2014年在总部设立贷款审查中心,对全市单笔金额100万元以上的贷款集中审查。但2018年,该行就把贷款审查中心撤销了,在实践过程中,集中审贷模式主要有以下问题。

一是审查成本太高。2018年末,乐清农商银行日均合同签订数量300笔以上(按工作日计算),按标准审查速度来算,每人每日最大可审查笔数在30笔左右,如零金额起点全部集中审查,需配置中心人员10~15人。考虑人员不足的问题,乐清农商银行审查标准定位在100万元以上。从审查结果来看,放款中心的设立对本行大额贷款的规范性确有一定程度提升。但是,由于审查的非普遍性和大金额贷款的零散性,可能多天无一笔贷款审查,也可能一天多笔贷款同时需要审查,导致放款中心审查效率非常低下。

二是放贷效率太低。放贷速度快是农商银行在同业利率压力下拓展客户的有效竞争手段，而放款中心集中审查存在的最大的效率难点之一，是需要将纸质资料电子化上报。乐清农商银行对每一位客户经理配置扫描仪或高拍仪，在不考虑本行现有客户经理年龄能力偏差情况下，一笔信贷合同完成电子化至少需要 15~30 分钟时间录入资料和维护数据，再加上放款中心审查排队时间，预计每笔贷款放款时间需最少延长两小时，影响客户办贷体验。

三是风险难以识别。客户经理在小额贷款的风险调查上，更多的是通过客户面谈和交叉验证确定，是需要通过客户经理不断的网格建设和信息收集来逐步积累，而这些调查过程和结论无法在纸质报告中充分阐述和体现。

四是责任难以追究。放款中心仅能实现资料完整性和合理性审查，可以一定程度上控制操作风险，但无法控制不良风险。但由于这些贷款经过总部审查，在事后追责不良贷款责任的时候，难度就增加了。而且由于信贷审查流程加长后，客户经理需占用大量时间用于客户资料转化和维护，反而影响了风险调查效率。

综上所述，乐清农商银行把"鼓励类"业务的权力和责任都下放给支行，这样能够极大激发基层做业务的灵活性和积极性，总部基本不审批贷款，90% 以上的贷款都是支行两岗审批完成，这样的管理模式反而是告诫员工"不能违"，违反了就是员工自己的问题。

在管贷责任上，提倡"去权力化"。权力必须与责任对等，权力越

大责任越大，权力必须受到责任束缚。乐清农商银行在构建信贷责任体系时，把"银行放贷"当作"私钱放贷"，将贷款责任占比与个人收益、处罚高度挂钩，贷款责任跟人走，实行贷款责任终身制。

比如，在乐清农商银行，100万元以内贷款客户经理责任占比70%，审批人占比30%。100万元以上贷款，审批人起决定的因素有所增大，调查人和审批人责任各占50%。另外，为强化支行行长对大额贷款的管控，300万元以上大额贷款，无论上一审批人是否具备审批权限，支行行长都至少要承担30%的责任。

只有当员工把银行贷款资金当作"自有资金"的时候，才不会把贷款审查审批当作权力。在贷款责任高度挂钩体系下，乐清农商银行的员工心里都明白一笔账，银行贷款就像自己家里的钱一样，不能乱放，放出去就必须要安全收回来。

3.2 让员工不敢违

如果对违规行为视而不见，就会助长"歪风邪气"，最终产生道德风险。高剑飞说："一个单位，员工的生态很重要，员工有不正之风，把生态破坏了，单位很快就会走下坡路。对员工的不正之风必须要整治，要让违规违法者付出付不起的代价。"在整治客户经理违规经营风险上，乐清农商银行有一套很值得借鉴的经验打法。

违规就"没票子"。高剑飞说："违规首先要在经济上严惩，要让违规者成倍付出代价，让违规者知道违了不合算。"在乐清农商银行，针对机构，如果被监管等上级部门查出重大违规风险的，当年薪酬至少扣减 30% 以上。针对个人，违规贷款责任人按不良责任余额的 10%缴纳风险金，被行政处罚的违规行为，还需按处罚类型轻重分别扣减3%~12% 的年薪。

违规就"没面子"。物质激励到了一定时候会出现瓶颈，客户经理薪酬高了，经济上简单的奖励和扣罚对规范员工行的为效果会大打折扣。有了钱以后更在乎面子了，"没面子"更加能够刺痛客户经理的神经，让其更加"不敢违"。

2006 年，乐清农商银行就创新推出不良听证会制度，让违规人员"上台亮相、现身说法"，被大家称为"批斗大会"，对违规人员和其他人员起到了很好的警戒和教育作用。

不良听证会制度即由风险管理部门围绕出险信贷资产，会前通过材料审查、资金流跟踪、实地走访等举措开展逐笔"体检"，会中通过过程还原、过程分析、质询提问等方式剖析不良形成主因，质询问责、以戒代罚。质询的对象是违规贷款以及不良率超标的责任人等，旁听人员为支行分管信贷行长以及入行两年以内的客户经理。

不良听证会流程主要有四个环节：总行调档检查不良贷款档案；根据违规情况、金额大小等确定不良听证会质询对象；组织召开不良贷款听证会；风险管理员、部门老总、分管领导对疑点、违规点进行提问质询，被质询调查人和审批人相互隔离，旁听人员围坐听证。不良听证会有"四必问"：即大额不良必问责、跨地区不良必问责、违规贷款必问责、不良超标必问责。

乐清农商银行不良听证会制度是防范道德风险的"撒手锏"。不良贷款听证会一般提前 1 个月左右发通知，这段时间不良贷款往往会降得

很快，信贷人员为了不上听证会，清非力度明显增强，几乎使出了浑身解数。

违规就"没帽子"。在农商银行的体制内，客户经理只要不犯大错误，银行一般不会强制其转岗或下岗，最多就让他"自生自灭"。而高剑飞说："客户经理岗位是一种稀缺资源，掌握信贷权力，要有干好高薪、干不好转岗的意识，不提倡低薪和高资源并存，如一手掌握很大资源，一手拿着很低薪酬，那等于叫他去犯错误，否则道德风险太大，客户经理毕竟'是人不是神'。"

所以，乐清农商银行的处理方式是"待岗清非"，即对不良超标的信贷人员，经过信贷管理委员会商议，实行"离岗清非"。离岗清非的期限一般为4个月。如果在4个月内，能将指标降到标准以内的，可以回到信贷岗位。如果达不到的，则要转岗。另一种处理方式是"转岗"，就是离开信贷岗位。但不是简单地转为非信贷岗位，而是挂在人力资源部的"交流中心"，主要工作还是清收不良贷款，清非任务完成后，再重新"双聘择岗"。

在乐清农商银行，违规必严惩，让违规者付不起代价等理念已深入人心，道德风险是员工不敢触碰的底线，这也是乐清农商银行十几年来零案件发生的关键所在。

3.3　让员工不想违

马云说：员工辞职，要么是钱给少了，要么就是心委屈了。乐清农商银行认为，如果员工心不放在银行工作上，把银行的事业当个人平台做，风险就会大大增加。而凝聚人心的最好办法就是为员工创造干事创业的平台，让员工真正"不想违"，违了不合算。

比如，乐清农商银行根据马斯洛的需求理论给客户经理创造一个"不想违"的创业平台。

倡导"高薪养廉"，满足客户经理的"社交需求"。高剑飞常说："钱是人胆、是底气，只要薪酬高了，抵御外部诱惑的定力就会增强，通过投资、收回扣等额外赚钱的想法也就没了。而且人忙了，'不三不四'的想法也就少了，就会把单位当成自己事业来做。"在现实面前，如果客户经理薪酬低了，抱着随时跳槽的心态放贷，风险偏好就高，贷款风险、道德风险就大。因此，乐清农商银行对客户经理绩效体系进行了彻底革命，砸破"大锅饭"和掀开"天花板"，客户经理薪酬实行上不封顶、下不保底。近几年，乐清农商银行客户经理薪酬水平提升很快，每年有10%~20% 的客户经理薪酬高于分理处主任或支行行长，在乐清的上班族中处于顶尖水平。当客户经理成为"超级个体户"，创业空间大有潜力，就不会为蝇头小利做违规违法的事。

打造"稀缺岗位"，满足客户经理的"尊重需求"。随着银行规模和金融科技的高速发展，银行职员也快速从高柜向低柜、柜面向营销人员转变，客户经理队伍成为各大银行队伍建设的重中之重，甚至很多银行提出考核客户经理配比，引导基层行加大客户经理配置。但乐清农商银行认为，客户经理不是越多越好，必须有效控制客户经理人数，把客户经理职位打造成"稀缺岗位"。

客户经理多了，会带来以下负面影响：首先，造成僧多粥少。新

客户经理加进来以后，会分流原客户经理的经管客户，就好像本来只够一个人吃的饭强制分成了两份，最后大家都吃不饱。其次，引发内部矛盾。客户经理多了，存量客户资源不够分，部分客户经理就需要"白手起家"，资源分配不公就会导致内部不和谐。最后，存在管理隐患。一般新的行长到任新网点后，都有配置新客户经理的冲动，新客户经理白纸一张，比较听话、容易指挥，完全可以按照行长意愿指哪打哪，容易变成"背锅侠"。

要科学配置客户经理职位数，让客户经理"吃饱"很重要，客户经理这个群体，如果吃不饱就会非常危险。因此，在乐清农商银行，对配置客户经理有一套严格的准入标准，只有符合其中之一的支行才能申请配置客户经理。第一，看管贷，人均管贷户数要高于全行平均数。第二，看资源，人均辖内农户数要超过 2 000 户。第三，看储备，近两年有客户经理即将退休。

开辟"绿色通道"，满足客户经理的"自我实现"。突破行政序列职数限制，为客户经理提供营销序列成长的专属通道。把客户经理分为微贷经理、客户经理、营销部主任三个序列，实行目标考核、自动晋档。

第一序列，微贷经理。主要做 30 万元以下小额贷款，只做贷款业务，不下达存款业务指标。

第二序列，客户经理。微贷经理工作两年或考核合格后，就自动晋升为客户经理，放开业务限制，同时下达存贷款业务指标。

第三序列，营销部主任。客户经理薪酬高了往往也会陷入中等收入陷阱，尤其是积累了一定资源后的老客户经理。2016 年，乐清农商银行出台制定了《营销部管理办法》，客户经理人均管贷户数 800 户以上、经管日均存款 6 000 万元以上，可以自动晋升为营销部主任，享有费用支配、办贷员配置权等，营销部主任业绩优秀的，可以晋升至分理处主任以上级别。

晋升序列打通了客户经理"实现自我"的心理通道，避免了客户经理"千军万马过独木桥"的局面，让客户经理看到了新的希望。

第 6 章
自带奋斗属性的团队

你若奋斗，我必厚待；你若精彩，必有舞台。

——高剑飞

　　乐清农商银行的员工离职率每年都在 1% 左右，员工的认同感、归属感、幸福感一直非常高。近年来，大学生留在大城市不愿回小城镇的现象十分普遍，地方性小银行招聘高素质人才难度颇大。但乐清农商银行却是一个例外，成为一个吸引人才回流的"洼地"，当地外出读书的大学生，毕业后回家乡自愿加盟乐清农商银行的越来越多。个中缘由，可以从乐清农商银行打造"奋斗者"团队的生动现实得到解答。

　　2018 年 11 月 8 日，浙江农信系统首届"奋斗者"颁奖典礼在杭州隆重举行，全省农信系统 36 人获评，其中领导干部代表仅为 12 人，乐清农商银行党委书记、董事长高剑飞荣获"浙江农信奋斗者"称号。在他的奋斗事迹中提到："只要没有出差，高剑飞就会在早上六点起床，从家里出发步行四公里路第一个到单位，晚上在单位食堂吃完饭再步行回家，这个习惯高剑飞已经风雨无阻地保持了十几年。四十多分钟路程不仅可以锻炼身体，还能思考些平时坐着未必能想明白的问题。"多年来，正是在高剑飞这种以身作则的奋斗精神带领下，乐清农商银行以服务"三农"、小微企业和实体经济为己任，走出了一条"小而美"的差

异化经营之路。在实际工作中,高剑飞反复强调"人才"的重要性,认为乐清农商银行获得成功的秘密就在于始终坚持"以奋斗者为本"的理念,以此来打造优秀的人才队伍。

2020年1月3日,乐清农商银行"小而美奋斗者"颁奖仪式隆重举行,20位乐清农商银行各个岗位的奋斗者登上了领奖台,高剑飞亲自邀请奋斗者家属莅临现场,一起感受奋斗者的荣耀。走廊上的奋斗事迹、颁奖礼上的奋斗感言、专刊上的奋斗故事,让奋斗的文化在乐清农商银行蔚然成风,形成了"人人争做奋斗者,个个争当追梦人"的良好氛围。

乐清农商银行在其发展过程中始终牢记"不能让奋斗者吃亏"的信条,真正为每一位奋斗者着想,让每一位奋斗者的付出都能得到回报。高剑飞始终强调:只要是共同为乐清农商银行的进步而奋斗,为自己的家庭而努力,为个人的发展而拼搏,踏踏实实工作的员工,都是乐清农商银行值得骄傲的奋斗者。以高剑飞为代表的乐清农商人,深知奋斗者的苦,懂得奋斗者的难,所以能够时时刻刻关心奋斗者的切身利益,对每位奋斗者都十分尊重。这使得乐清农商银行的招聘制度、考核制度、薪酬制度、晋升制度都充分体现每一位奋斗者的付出和成果,其高绩效、高薪酬的主导设计,让每位员工的付出都能得到回报,极大地激发了员工的工作热情。

精简而不失战斗力的队伍,是乐清农商银行成功的一大利器,是他们之所以取得辉煌成绩的根本,这支队伍有个称号:"小而美"铁军。这支铁军的打造不是一蹴而就的,而是该行不断对"以奋斗者为本"理念的实践,让员工展现出肯干、乐干、爱干的奋斗者本质。"肯干"

的关键在于选对人，选择理解、认同"小而美"道路，愿意为此努力付出、持续奋斗的人；"乐干"的关键是遵循制度要求，遵循公平性，遵循激励的原则去做；"爱干"的关键是让员工有奔头、有出路、有使命担当。在始终坚持朝这个方向努力的过程中，乐清农商银行在怎么选对人、怎么培养人、怎么用好人、怎么激励人等方面探索构建了一套独有的体系，形成了一整套具有自身特色的人才之道。

第1节　选才：雄心穷小子

比尔·盖茨曾经这么说过："如果把我们最优秀的20名员工拿走，微软将变成一个无足轻重的公司。"对于银行而言，最优秀的员工标准各不相同，在传统银行选人用人时，一般喜欢高学历员工，学历越高，银行越喜欢用。除此之外，大多数银行一般还非常关注员工的家庭背景，喜欢聘用有更多社会资源的员工，希望这些员工能够用自己的人脉等帮助银行开拓业务。但乐清农商银行在人才选配中独树一帜，在"小而美"道路的发展实践中深刻认识到：所谓传统银行优秀的员工不一定是合适的员工，而只有合适的员工才是最好的员工。他们在选人用人时，根据自身的战略发展需要提出了不同于其他银行的招聘标准，立志要选到"对"的员工。

1.1　态度比学历更重要

银行作为近几年的热门行业，对员工准入门槛的把关比较严，尤其

是学历要求很高，对学历一般的直接"一刀切"员工不予考虑，希望借此提高银行整体素质。但乐清农商银行却认为，高学历者当然也非常欢迎，但是绝不唯学历论。相比学历，他们更看重应聘者的抗压能力和奋斗的持续力，更喜欢脚踏实地肯干的人。

乐清农商银行这种招聘标准的形成当然不是拍脑瓜决定的，而是根据现有"小而美"模式深思熟虑后形成的。乐清农商银行作为县域小法人机构，更多的业务都是围绕"三农"开展的，基层员工的主要工作就是到农村和小微企业进村入企。高剑飞认为："农商银行生于农村，长于农村，是银行业的'农民工'，我们做的就是苦力活，赚的也是辛苦钱，要靠两条腿走出来的，如果没有吃苦耐劳的品质和持续奋斗的毅力是很难坚持的。因此，在现阶段，我们更需要肯下基层、肯用心实干的员工。另外，与其他银行相比，我们的业务种类偏重农村和传统业务，高学历者不一定有充分发挥能力的机会，如无用武之地不如不招，不然对员工和单位是双向的资源浪费。"

乐清农商银行现在的业务发展得如火如荼、蒸蒸日上，证明了这种注重员工奋斗的价值观、注重踏实肯干的素质、不过多注重外部条件的招聘标准确实颇有成效，非常符合该行的发展现状，为他们切切实实地招聘到了一批又一批干劲十足的员工，使得近年来业务开展得轰轰烈烈。

1.2　不爱"富二代"，偏爱"农二代"

乐清农商银行出于为"小而美"模式服务的需要，除了对学历要求相对宽松外，别出一格的不太喜欢引入资源多、人脉广所谓资源型的员工。究其原因，乐清农商银行清晰定位所需员工的类型，清楚地意识到资源型员工虽然短期内能够利用自己的社会资源为银行带来业绩，但是这种业务本质上看并不稳定，既容易带来，也容易带走，反而会造成业绩的大起大落；而且资源型员工容易仗着自己的社会资源，提要求的多，实干的少，反而提高了银行管理成本，看似获得了眼前利益却损失了长远利益。

在人员选择方面，乐清农商银行偏爱"农二代"。也就是出身农村，家庭条件普通，能吃苦耐劳肯干的员工，这才是他们需要的"对"的员工。正如任正非所说的："我们非常欢迎雄心万丈的穷小子，你现在一文不名没关系，只要你有雄心壮志，未来一定能衣锦还乡。"乐清农商银行也极像华为一样，喜用、擅用"雄心万丈的穷小子""一穷二白的农二代"。首先，这样的员工由于家庭条件一般，更加珍惜农商银行的平台，更有意愿通过自身努力带来比较持久可靠的业绩。其次，农商银行的定位是"姓农、姓小、姓土"，具有与生俱来的"农"字基因，并且农商银行的客户都以农户为主。而"农二代"擅长做"农家人"、说"农家话"、办"农家事"，与"三农"有着天然的亲切感，更能获得农户的信任。最后，乐清农商银行有着12万多户的个人贷款客户，由于农村客户的征信基本空白，他们的贷款调查手段主要依靠平时的信息积累和对当地的熟悉程度。而"农二代"对农村知根知底，有"人缘、地缘、亲缘"的优势，能够有效降低农户贷款风险，提高风险管控效率。

为了给没有资源的"农二代"提供公平竞争的机会，乐清农商银行在员工招聘时，把权力交给制度，一切按规矩办事，一切以成绩说话，

绝不因个人喜好影响选人。即使与高管私交很铁，要想进入乐清农商银行，同样也必须按流程与制度办事。正是这种选人理念给了"农二代"们一展拳脚的天地，也让他们更加感谢乐清农商银行这个"伯乐"，对组织更加的忠诚，更有归属感，使得内部更团结，更有战斗力。

1.3　谨慎使用"空降兵"

"空降兵"往往作为熟练型员工，深受银行的追捧。因此，银行间员工跳槽的情况比比皆是。而乐清农商银行却是例外，一直以来，他们都不太喜欢用"空降兵"。随着这几年业务的快速发展和员工待遇的提高，很多国有银行、股份制银行的"干部"，甚至政府部门的公务员都想进入乐清农商银行工作，但他们始终把牢这道关口。有很多人疑惑甚至嘲笑："你们农商银行只不过是一家小银行，大行过来的人才你们都不要，是不是太把自己当回事了"。

面对这些质疑，高剑飞坦然认为："不是我们了不起，也不是大行的人才能力不够。不用'空降兵'是因为我们的文化和其他银行不一样，他们过来会'水土不服'，很难融入我们的团队，会破坏文化的一贯性。而且'空降兵'过来往往会要求特定的岗位或职务，这会影响内部员工的晋升通道，不利于内部员工的成长，会破坏整个银行的凝聚力和向心力。"

一直以来，乐清农商银行不盲目信奉"空降兵"，而是强调要与员工共同成长。人才培养都是以内部为主，行里的中高层领导都是从柜员、客户经理等岗位一步步上来，对乐清农商银行有着很强的归属感，对"小而美"道路和文化高度认可，这也是该行快速健康发展的根本原因。

第 2 节　育才：以办学校的心态办企业

彼得·圣吉在其著作《第五项修炼》中提出学习型组织的概念，他认为，未来真正出色的企业是使全体员工全心投入并善于学习，持续学习的组织。通过酿造学习型组织的工作氛围和企业文化，引领不断学习、不断进步、不断调整的新观念，从而使组织更具有长盛不衰的生命力。

如何把乐清农商银行打造成为学习型组织，高剑飞说："一个家庭投资什么项目风险最低、成本最小、回报最高？投资孩子。企业同理，投资员工风险最低、成本最小、回报率最高。所以我们很舍得在员工教育上花钱，坚持用办学校的心态办银行。"因此，乐清农商银行为了培养更多的"小而美"接班人，特别设计了一套适用于自身发展的培养理念和体系。

2.1　员工培养不应"等级分明"

许多银行培养员工的方式都倾向于"精英教育"，把大部分的资源都用于培养中高层以上的干部员工，对基层员工的培训投入很少。而乐清农商银行却认为，人才培养要从"娃娃"抓起，从最基层的员工抓起，让有理想的人成长。只要员工对自身职业规划有目标、有方向、有想法，希望进步、渴望成长，他们都会为员工搭建实现理想的平台。因此，乐清农商银行在 2018 年的新五年规划中提出"551"人才培养工

程，计划通过 5 年的时间，针对业绩突出的先进个人、青年干部、客户经理、柜面人员、年轻员工 5 个层级，每个层级至少培养 100 名优秀人才，不断完善人才梯队。

全员培训说起来简单做起来很难，为了加快推进"551"人才培养工程，乐清农商银行从机构变革入手，把教育培训职能从人力资源部门独立出来，单设教育培训部（"小而美"书院），把它作为培养人才的"黄埔军校"，专门负责推进全员培训计划，并打造了"小而美"人才培养的四大品牌。

第一个品牌是"小而美"研修班。主要就是为了打造"551"人才培养计划提出的 5 个层级的精品培训班。例如"名校班"是针对上年度先进集体和个人代表、当年劳动竞赛业绩突出的先进集体和个人代表，组成 100 人左右的班级，分批到清华大学、武汉大学、厦门大学等国内知名高校去交流学习，进一步开阔员工的视野，提高员工综合素质。"英才计划"是针对青年干部和年轻员工，组建精英班和雏鹰班，以帮带结对的形式开展为期两年的全方位培训，从而完善各年龄段的人才梯队。"领航班"针对优秀客户经理，旨在打造一支懂业务、善营销的团队。

第二个品牌是"小而美"大讲堂。通过每月定期邀请国内各领域的"大咖"级专家学者到行内开展讲座，让全体员工能零距离聆听各领域最前沿的知识和观点，无障碍地与专家进行交流互动，更好地更新自身知识储备。

第三个品牌是"小而美"大学堂。主要是对内开展针对各层级员工的专业性培训和政策制度讲解，确保行内的文化、战略、政策能够宣讲到位，有效落地执行，为全行高质量发展提供内生动力。对外作为"小而美"书院的窗口，根据各中小银行和农村金融机构的实际需求，有针对性地安排相关课程和实践项目，分享"小而美"经验。

第四个品牌是"小而美"云课堂。2020年初新冠疫情突如其来，当现场会议和集中培训只能暂停时，总行战略的传导、制度政策的学习都受到很大的影响。穷则思变，面对疫情对培训工作的挑战，高剑飞提出："疫情后，线上学习将会逐渐成为主流，疫情对我们传统的培训方式带来了冲击，但也带来了机遇。我们必须要适应潮流还要引领潮流，要在线上培训方面深入探索。"

疫情复工后，乐清农商银行"小而美"书院第一时间打造"小而美"云课堂平台，并先后推出三大课程模块。例如精品课程模块：《农商行下半场》系列讲座。由领导班子深入讲解农商银行下半场的发展逻辑和工作思路。常规课程模块：《农商周学》。通过"一周一学""一周一星"等载体，由总行各部室讲解总行政策、制度和文件；基层网点优秀员工分享业务营销、客户服务等好做法和技巧。交流课程模块：《问道小而美》。按各兄弟行社的需求，量身定制课程，以线上直播的形式交流"小而美"战略、业务、风险、队伍等经验和做法。

乐清农商银行倡导的"让直播成为一种常态、让学习成为一种习惯"的培训新理念，在行内掀起线上学习热潮，在行外也引起广泛关注。

2.2 培养方式坚持"学用结合"

从乐清农商银行以前的培养方式看，培养模式相对单一，并且追求的是"大而全"，都是大规模批量开展，想通过一两次培训就让员工都

能学到很多知识或理解总行的战略政策。但从实际效果来看并非如此，大规模的培训缺乏互动交流，缺少因人施教，很难达到预想的效果。于是，乐清农商银行对培训方式进行了全面的梳理，采取了灵活多样的内部培养方式，主要有以下四种形式。

第一种是"上挂下派"制。年轻员工最好的成长方式就是不同岗位的实战锻炼，制定出台了年轻员工上挂总部机关及下挂基层锻炼的相关规定，让优秀的年轻员工有了更多实践学习及发挥自身才华的平台。

第二种是轮训小班制。对定期开展的各层级轮训采取小班制，限定培训人数，进行互动教学，将教学和交流融合在一起，让更多基层优秀的员工发散思维、畅所欲言，既能提高培训的效果，又能激发员工尤其是年轻员工的学习热情。

第三种是研讨片区制。将所有网点按地域分为五大片区，总部各职能部门或内训师按各片区的发展实际及遇到的问题，定期到各片区开展研讨，一方面解读总行制度政策，另一方面与网点员工互动交流，解决网点"疑难杂症"。

第四种是以会代训。在每次会议上设置典型发言和后进表态的环节，让优秀的业务精英分享他们成功的经验，也让后进员工上去讲述他们的做法和困难，让全体与会人员在学习先进经验的同时，对他人的"失败经验"进行反思，用正反两面去辩证思考问题，提升决策的准确性。

2.3 教育培训切忌"崇洋媚外"

乐清农商银行始终认为，人力资源管理必须要做到"打铁还需自身硬"，要量力而为，由内而外，不能盲目依赖外部机构的系统、考核及培训。一旦过度引入外部机构，一方面自身能力难以提升，不利于未来发展；另一方面，凭借县域小法人银行的力量很难从过度的依赖外部力量中走出来，只能"越陷越深"。

单就教育培训而言，高剑飞经常在跟年轻员工座谈或授课时说到："你们从学校这个象牙塔里出来开始职业生涯，其实是步入了另外一个学习阶段。因为社会是大学校，单位是练兵场，农商银行是商学院。你们要从学历教育转变为职业教育，在农商银行这个商学院里不断进步成长。"如何定位并办好这个商学院？高剑飞其实早有答案。他说："农商银行与生俱来带着'农'字，我们的商学院的定位不是办成'大而全'的酒店，而是要打造成为'小而美'的'农家乐'，培养自己的'大厨'，炒出自己的'特色菜'，让大家喜欢来、喜欢点、喜欢吃。"因此，乐清农商银行在教育培训方面始终围绕这个目标去开展。

首先，在课程设计上不求多求全，只求专求精。乐清农商银行的内训及外训课程始终围绕"小而美"价值体系来设计，打造了"小而美"核心战略课、"小而美"实战精萃课、"小而美"移动课堂三大课程体系，包括文化、战略、业务、风控、队伍、数字化转型等系列课程。要求各位内训师不要贪多，要把这些课程研究深、研究透，不断地完善提升，做到"一招鲜吃遍天"。

其次，在培训老师选择上以内为主外为辅。很多农商银行的培训都是与外部的培训机构合作，以外部的培训老师授课为主。而乐清农商银行却反其道而行之，极少与外部机构合作。他们认为，大部分的培训机构老师都是"观察者""研究者""总结者"，但不是真正的"实践者"，

而只有"实践者"才能把内容讲得有血有肉、深入人心。在内训师的选拔上，他们提出，全行每一位管理者都要会上课，不会上课的管理者是不称职的，如果连自身的理念都无法传导给员工，如何带好一支团队。他们要求各序列的干部晋升提拔，要与其是否胜任内训师挂钩。

最后，在效果评价上重内在轻表象。在内训师的考核上，乐清农商银行认为，看一个内训师的授课效果如何，不是看形象好不好，普通话标不标准，而要看点"菜"的人多不多，如果大家都喜欢点这位老师的"菜"，那就说明他成功了。

2.4　知识分享不能"敝帚自珍"

"酒香不怕巷子深"。2016 年以来，全国农信系统忽然掀起了"学习乐清农商银行"的热潮，每年有 100 多家来自全国各地的兄弟行社到乐清农商银行学习交流。大规模的学习考察团队到来，没有让高剑飞感觉到得意和飘飘然，他说："别人来我们这里学习交流，主要是基于我们有好的数据，我们不能因为别人都过来取经就觉得自己了不起，认为自己做的都是对的。我们要做的就是更加努力，拿出更好的业绩，总结更好的经验给别人，让大家觉得不虚此行就好。"因此，每次有兄弟行社过来交流，他只要有空都会亲自参加、亲自备课、亲自介绍，希望把最好的东西都能分享给别人。

交流学习的时间是短暂的，交流后部分行社想深入研究学习，都会提出能否给其一些制度文件。从银行经营的角度看，这些都是内部的知识产权，基本不可能会给别人，当有关部门负责人纠结为难时，高剑飞却保持全然开放的态度，他说："这个问题我们不需要纠结，知识分享不能'敝帚自珍'，既然别人需要，也有诚意向我们学习，我们就要毫无保留地给他们。'天下农信是一家'，如果他们能从我们这里学到一些东西，以后成功了，他们也会记得我们，何乐而不为。并且在交流过程中，我们也从他们的做法中学到很多，是完善'小而美'模式最好的方式"。正是这种做法和态度，到乐清农商银行交流学习的行社都非常感动，他们私下都称呼高剑飞为"高教授"，都很乐意跟他交流或请教问题。

对于有些兄弟行社真心想要探究"小而美"模式的，高剑飞也是非常乐意传授和分享的。他说："如果真心想深入了解'小而美'的，我们可以'结亲戚'，长期的战略合作和交流学习，甚至手把手地把'小而美'模式进行嫁接，帮助他们探索适合其发展的模式和道路。"比如，江苏扬州农商银行、浙江浦江农商银行、山东寿光农商银行等行社批量派人到乐清农商银行深度学习；浙江省农信联社绍兴办事处、江苏常熟农商银行、浙江奉化农商银行等邀请乐清农商银行内训师到行里开展培训；湖南省农信联社、山西垣曲农商银行、浙江龙泉农商银行等派骨干到乐清农商银行挂职锻炼。开放包容的交流方式有力地促进了"小而美"人才培养体系的健康、有序和完善。

江苏扬州农商银行于 2019 年 7 月，由臧正志董事长带队到访乐清农商银行交流学习了"小而美"差异化经营之路的经验。回到扬州后，臧正志要求广大干部员工要全方位对标向乐清农商银行学习。不久，臧正志跟高剑飞联系，提出乐清农商银行能否派人到扬州为他们全行员

工进行培训。高剑飞毫不犹豫地答应并派出了两位骨干赴扬州农商银行为其全体员工分享"小而美"经验。又过了不久，臧正志第三次联系高剑飞提出，计划派50多名干部员工到乐清农商银行进行为期数日的全方位深度学习。高剑飞还是一口答应下来，并迅速布置工作，要求"小而美"书院的核心讲师，迅速着手针对扬州农商银行所提需求的课程开发。来自业务管理部、合规（风险）部、人力资源部以及部分支行行长、客户经理立刻投入到课程研发工作当中，结合多年来的实战经验，夜以继日地利用加班时间用心归纳，精准总结，完成课程开发。高剑飞认真聆听了每一门课程，亲自把关提出修订意见，并要求"小而美"书院做好细致的后勤安排。11月25~26日，在扬州农商银行四位总行班子成员的带领下，扬州农商银行机关部室、支行主要负责人、一线员工精锐尽出，开展了为期两天的探道"小而美"研修班学习、深度交流和实地走访。乐清农商银行知无不言，言无不尽地分享给扬州农商银行的干部员工留下了深刻的印象，他们纷纷点赞。

第3节　用才：以业绩论英雄

选人、育人，最关键的还是用人。任正非在华为内部的用人上强调"猛将必发于卒伍，宰相必取于州郡"，他认为干部的选拔必须要从有成功实践经验的人中去选择。这个理念与高剑飞的想法不谋而合。一直以来，乐清农商银行在用人上始终秉承"你若奋斗，我必厚待；你若精彩，必有舞台"的理念。他们用人强调的是"奋斗的态度和精彩的结果"，员工要进步，就必须满足这两个条件。因此，乐清农商银行在用人上坚持结果导向，把晋升机制数据化、制度化、自动化，尽量减少人为干预，营造公平、公正、公开的用人环境。

3.1　让所有人看到希望

在员工队伍管理上，任正非曾说过："高层要有使命感，中层要有危机感，基层要有饥饿感。"一个企业要想成功，单靠高层努力是远远不够的，必须全体员工一起努力才有奔头，共同进步创佳绩。要想员工有饥饿感、有奔头，那就要给他们希望，让他们有成长晋升的空间。但农商银行作为县域小法人机构，一直以来便存在岗位晋升渠道单一的问题，员工都只能"千军万马过独木桥"，往有限的行政序列通道挤，造成人员冗杂、流通迟滞、内勤不愿营销、外勤缺乏机会等弊端。为了能解决这一难题，为员工提供"想干事有机会、能干事有舞台、干成事有地位"的平台，乐清农商银行通过进一步畅通管理、营销、专业、操作四大晋升通道，让员工实现多维度职业抱负。

操作序列是用于柜面人员晋升的通道，主要晋升层级为柜员、柜组长（会计助理）、会计主管；会计主管按中层干部后备库要求达标后入库，与行政序列并轨。

营销序列是用于客户经理晋升的通道，主要晋升层级为微贷经理、客户经理、营销部主任、营销部主任（分理处主任级），随后按中层干部后备库要求达标后入库，与行政序列并轨。如暂不符合中层干部提拔要求的，可按业绩继续晋升至营销部主任（副行长级）、营销部主任（行

长级）。

专业序列是用于总行机关科员晋升的通道，主要分为科员、中心主任，随后按中层干部后备库要求达标后入库，与行政序列并轨。如暂不符合中层干部提拔要求的，可按考核结果继续晋升至经理、高级经理、资深经理。

行政序列是用于干部晋升的通道，主要晋升层次为行长（总经理）助理、副行长（副总经理）、副行长（副总经理）主持工作、行长（总经理）。

四大序列的打通，实现了乐清农商银行全体员工晋升渠道的全覆盖，让每个人都看到了进步的希望。

3.2 一切以数据说话

乐清农商银行在用人过程中，始终遵循"以业绩论英雄"的原则，无论是晋升和退出，一切以数据说话，让每个人都"赢"得清清楚楚，"输"得心服口服。在选拔晋升过程中，乐清农商银行始终强调三个侧重：

首先，是侧重结果导向。在此基础上推行"自动晋级"制。他们的干部提拔在每个晋升岗位层级都设置了定量的标准，只要员工达到标准后，不需要领导层再商议就能自动得到晋升的机会，让每位员工都能沉下心来去奋斗，为了目标不断努力。比如员工转岗做营销条线后必须先担任微贷经理，主攻 30 万元以下小微客户。两年以后合格的自动晋升为客户经理，放开业务限制。客户经理担任至少三年后，如果管贷户数 800户以上、经管日均存款 6 000 万元以上，可以根据支行需求晋升为营销部主任，具有一定的审批权限。营销部主任连续两年完成总行绩效考核目标的，可以晋升至分理处主任级别。而分理处级别想要晋升到中层，就必须满足"三年业绩，三个优于"[①]的目标，达到后自动进入中层后备库。

其次，是侧重营销实战。农商银行的发展，归根结底还是依靠基层，尤其是营销条线的业绩支撑。因此，乐清农商银行在干部选拔方面会向基层营销条线倾斜。因为高剑飞认为："没有基层实践经验的机关人员，只能叫职员，原则上不能直接选拔为管理干部。如果想要晋升，就必须补好基层实践经验这堂课，否则担任干部后很容易纸上谈兵，闭门造车。"因此，他们把一些入选中层后备干部的总部员工下派到基层去做业务，锻炼提升综合能力。

最后，是侧重道德素质。对于干部的综合素质要求，高剑飞认为："一名干部，如果有才有德，可以重用；如果有德无才，可以培养；如果无德有才，必须慎用；如果无德无才，只能淘汰"。于是乐清农商银行对于计划提拔的干部，都会开展民主测评和公示，一旦出现群众认可度低或投诉信访情况的，实行一票否决制。

有人进就必有人出。乐清农商银行在人员淘汰退出方面也是以数据说话，以结果论成败。主要也分为三种载体：

第一种是目标考评制。乐清农商银行总行每年年初都与所有支行签订目标管理责任书，支行再与辖内分理处一一签订。在目标管理责任书中会明确约定支行和分理处每个季度的存款、贷款任务完成进度及不良贷款控制区间，并按季度对支行行长、副行长、分理处主任、营销部主

---

① 三个优于：存款日均、贷款户数、贷款不良率三个指标均优于全行平均。

任进行考核，如果连续三次或年度被列入考核对象的，总行班子对他们进行目标考评，实行"一票否决制"。

第二种是分区淘汰制。针对客户经理条线，乐清农商银行在实行目标考评基础上，还增加了分区淘汰机制。通过网点区域分布的不同，将所有网点分为东、中、西三大区域，并按季度对各区域内客户经理业绩进行排名通报，按年对排名末位的客户经理进行强制淘汰。

第三种是交流学习制。乐清农商银行在人力资源部下设人员交流中心，针对部分工作态度有问题，工作业绩不理想的员工，由支行、部室提出申请，经总行批准后将这些员工纳入人员交流中心进行回炉学习，安排内训师对他们进行专门的培训，并在培训期间实行"双向选聘"机制，有支行或部室愿意接收且培训考核通过的，实行再上岗，没人接收或培训考核通不过的，继续学习，超过一定期限的停薪直至解除合同。

乐清农商银行正是通过这些载体，让员工有了进步的希望和淘汰的危机感，进一步激发了队伍的活力，推动了全行业务的发展。

3.3 好钢用在刀刃上

农商银行每年都会收到从上级部门下达的多项考核指标，而如果将这些指标简单分解到支行甚至一线营销员工身上，就会分散他们的精力，让他们无从下手。高剑飞认为："如果下达给特定群体指标过多，那其实就是没有指标，因为他们会在过多的指标中迷失方向，不知道哪项才是重点，最终会影响效率和效果。我们要抓主要矛盾，把主要矛盾抓住了事情就简单多了，其他指标完成同样也会水涨船高。"

正是基于这样的考虑，乐清农商银行对支行和员工的绩效考核制度进行了简化，通过对上级部门分配指标的合理归并与有效分解，最终让合适的人在正确的时间做合理的事情。

一方面根据时间节点进行分配。一直以来，乐清农商银行全年抓的主要指标就是三项：存款日均、贷款户数、手机银行（丰收互联）。他们认为，对于农商银行而言，主要指标就是存款、贷款和手机银行（丰收互联），只要抓住这三个指标，其他指标也不会差到哪里去。乐清农商银行通过按季度制定的劳动竞赛进行重点营销，如第一季度是全省农信系统的"走千家访万户"劳动竞赛及乐清农商银行旺季营销的"黄金期"，大量的在外乐商回归带回庞大的资源。因此，第一季度主要抓的指标就是存款和贷款，全行集中精力做好存款和贷款的营销工作，第一季度做好了全年就轻松了。第二、第三季度，一般都会在推进整村授信等基础性工作的同时，开展中间业务的营销和不良贷款的管理，按照指标完成情况制定专项的劳动竞赛。第四季度，基本上就是查缺补漏，把本年度未完成的指标进行收尾。再则就是做好下一年度的准备工作，为"开门红"营销打好基础。

另一方面根据营销主体进行分配。客户经理作为乐清农商银行的营销主力，全年的主要任务基本锁定为存款、贷款两项指标，其他指标不再做强制要求和分配。他们会把大部分的手机银行（丰收互联）和其他中间业务指标分解给非信贷人员，让其在做好客户服务的同时，进行有效的关联营销。甚至在开展ETC、线上贷款等专项营销活动的时候，把营销指标分解到总部员工，发挥全员力量攻坚克难。

有效的指标分解和合理的节奏安排，不仅大大降低了总行的管理难度，而且也使一线员工不再为应付各种指标而烦恼，集中精力"办大事"。

第4节　励才：绝不让奋斗者吃亏

乐清农商银行深谙一个企业要想长远的发展，必须持续有效激发员工的活力和执行力。因此，他们在物质和精神、个人和家庭、现在和未来等多维度激励方面采取了一些卓有成效的措施。高剑飞曾经说过："每位员工都是我们创业路上的'合伙人'，只有员工强了，农商银行才能更强；只有员工富了，农商银行才能更富；只有员工的心顺了，农商银行的路才能更顺。因此，我们绝不让奋斗者吃亏。"

4.1　高效就能高薪

乐清农商银行向来对自身有清醒的认知，要想员工全心全意为乐清农商银行工作，单靠情怀是远远不够的。所以在物质激励方面，他们也是毫不吝啬。他们认为，员工薪酬越高，企业成本越低。不过这种物质保证绝不是"平均主义"，薪酬分配也绝不是吃"大锅饭"，为了达到这个效果，乐清农商银行在薪酬体系设计上是下了一番工夫的。

在目标制定上，高剑飞坚持"高目标快发展"的理念。他认为，做任何事情，都要有高目标才会有动力。一方面，目标高完成好，自然薪酬高，同时大家都会把精力放在业务发展上，不会有其他不好的思想；

另一方面，目标定的高，进三步，退两步，还留一步，即使最后没完成，但也比初定目标要好得多。因此，乐清农商银行在制定年度重点发展指标时，都会在上级部门下达的指标基础上自我加压，有时甚至增加3倍以上。这些看似不可能完成的任务，他们已经连续10年完成。

在薪酬考核上，乐清农商银行倡导"高效拿高薪，要一个人干三份工作拿两份薪酬"的理念，实行薪酬上不封顶，下不保底，完全按业绩来。在给予员工高工资的同时也要求员工必须提高效益和效率。在这样的体系下，业绩好的支行行长收入可以超总行班子，分理处主任可以超支行行长，甚至客户经理可以超过支行行长。确保不让任何一个奋斗者吃亏。

在考核模式上，营销条线实行模拟利润考核，总行作为"资金中介"，建立资金池，确定不同的资金价格。支行网点把营销的存款卖给总行，从总行买进资金发放贷款，从中赚取利差，如果产生不良贷款相应扣减模拟利润，并由此计算出年末模拟利润和考核薪点。为了配合"模拟利润考核制"，乐清农商银行还自主开发了绩效考核系统，员工可以实时了解自己的模拟利润、薪酬和期薪情况。在这个系统里，基层的客户经理每完成一笔业务都会实时反映并计算所能获得的利润，一方面让支行能直观地了解客户结构和自身短板，及时调整思路及查漏补缺；另一方面激励效果非常明显，进一步提升员工拓展的精准性和积极性。总部科室和柜面人员考核实行"行员等级制"和"星级评定制"，总而言之就是按员工自己创造的业绩、服务的质量进行强制排名和划分等级，让奋斗者脱颖而出，拿到高的薪酬和提升的空间。

4.2 让多数人成为先进

乐清农商银行在保障员工物质激励的基础上，在精神激励方面也做了一些思考和创新。从很多人正常的理解来看，先进就是站在金字塔顶端的人，数量肯定不能多，如果多了就感觉缺乏典型性和代表性。但高剑飞却不是这样认为。他说："设立先进奖励的目的是什么？就是让大家都看到希望，拼命去努力争取，如果只有少数人先进了，那对大部分人来说就是打击。"

在一次兄弟行社的交流座谈会上，有一位行社董事长问高剑飞："高董，我看了你们行里的先进评比文件，有一件事情我很疑惑。为什么你们的先进奖项后面的人数都是'若干名'，难道先进人数不是固定的？"高剑飞说到："我们对先进奖项就是设定一个标准，只要达到标准就是先进，人数越多说明我们业绩越好，多多益善！如果都达不到标准，我们宁愿空缺也不会降低标准。"乐清农商银行这样的先进设置，就是要让所有人都有拿先进的希望而去不断努力奋斗，如果有数量限制，一旦前面几名业绩比较好的话，其他人就放弃了，会影响业务的整体发展。

不仅是年度有先进评比，平时乐清农商银行也会开展一些竞赛来推动业务发展。比如在每季度的劳动竞赛期间，有人问高剑飞每天的工作怎么安排？他笑着说："我每天的工作就是写写信、送送花、拍拍照。"大家都很好奇：别人在做业务，为什么董事长都在做这些。原来是，当支行网点在竞赛期间内指标完成率超过 100% 时，高剑飞就会第一时间亲手写贺信以资鼓励；如果完成率超过 200% 时，高剑飞则会亲自到支行网点赠送鲜花，与先进的员工合影。有时每天跑十几家网点，但越忙高剑飞越开心，说明业绩越好。甚至有网点还要向高剑飞"预约"：高董明天在不在，我们今天完成率要到 200% 了，高董能来送花吗？就是这样简单的激励，给予支行员工荣誉感和成就感，在精神方面得到极大地满足。

4.3　让奋斗者后顾无忧

著名的马斯洛需求层次模型认为，人的需求是具有不同层次的，主要包括生理需要、安全保障需要、社交需要、尊重需要、自我实现需要，一个层次需求的满足会引致更高层次的需求。因此，在员工激励方面要考虑人的不同需求，通过满足员工不同层次的需求来激发员工工作积极性，获得员工对企业的认同感和归属感。

高剑飞在乐清农商银行 2018 年第三季度工作例会《保持定力　解放思想　实干担当　全面开启高质量发展新征程》的讲话中提道："我们不仅仅满足于创造更多的百万富翁，我们更关注员工的幸福感，一起共同打造乐清农商人的幸福指数。希望我们的员工不仅仅是物质的富有，精神的富有，更希望我们的员工有成就感，被社会认同、被家人认同，让他们以成为乐清农商人而自豪，这是我们的目标。"

正是出于这样的考虑，乐清农商银行不断完善构建多元化的激励体系和保障体系，提升了奋斗的时空价值，逐步形成了员工口中常提起的"奋斗三部曲"，真正做到让奋斗者劳有所获，老有所依，没有后顾之忧。

第一部曲：现在奋斗，终身幸福。在当下乐清农商银行，员工只要奋斗就能拿到高的收入，但员工退休后呢？如何保障他们退休后能过上好的生活，高剑飞也是煞费苦心，经过琢磨后推出"忠诚基金"，让当

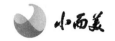

下奋斗跟未来收入直接挂钩。每年从超目标利润中提取一部分，按员工的贡献进行虚拟分配，在职时存入，退休后支取，体现了"只有现在努力奋斗，未来才能更加幸福"的理念。员工在职时贡献越大，退休之后拿得越多，为员工安享晚年奠定了基础。不仅如此，在新闻报道中经常提到的："生场大病，一夜回到'解放前'"，但这种情况在乐清农商银行不会发生，他们为每位员工提供了"意外险""重疾险""住院险"，为他们的身体健康进行全方位的保障。

第二部曲：一人奋斗，全家幸福。单位不仅为员工发工资，还为他们的父母发工资？很多人感觉不可思议，但乐清农商银行就是这样去做的。高剑飞认为："当乐清农商银行的奋斗者不容易，需要经常加班工作，照顾父母的时间很少。我们要帮助员工照顾好父母，尽一分孝心。"于是，乐清农商银行别具一格地推出了"孝心基金"。每月按时直接打到员工父母卡里，为员工尽一分孝心，也体现了单位的关心。

第三部曲：你若奋斗，我必厚待。在"成败论英雄"的背后，乐清农商银行也是员工温情的港湾，将严管与厚爱相结合。他们根据"出于公心还是源于私利、是无心之失还是有心之过、是履行程序还是破坏规则"等要求，建立容错、纠错机制，为担当者担当、为执行者负责、为创新者撑腰，让员工能放开手脚干事、甩开膀子创业，树立起正向关心、关爱员工的鲜明导向。比如有柜面员工转型为客户经理，乐清农商银行给他们一年的时间去适应成长，无论业绩如何，客户经理第一年的薪酬不低于转岗前的薪酬；客户经理按照总行战略推进整村授信"985"工程的，总行给予2%的不良容忍度，在容忍度内不给予任何的处罚；支行网点按总行要求推进"浙里贷""公积贷"等新产品的，给予全部免责。

第 7 章
知行合一的文化力

文以载道，以道御术，以文化人。

——高剑飞

北京大学国家发展研究院教授张维迎认为，一个优秀的企业和一个平庸的企业最重要的差距是企业家精神。企业家精神是 1，其他是 0；没有了这个 1，再多的 0 也都没用。企业家精神会影响企业的文化基因，乐清农商银行的"小而美"模式就带着鲜明的"高氏风格"。做人如水，商道亦如水。这位掌门人身上的企业家精神，也是乐清农商银行的商道之本。

知道者天宽地阔，得法者事半功倍。经营企业，不仅要重视"硬体"技法的打造，更要注重"软体"心法的建设。某农村金融报刊记者曾多次到乐清农商银行"取经"，最后感悟说：只知干法，未识心法，还没有真正读懂"小而美"。如果说前面所提到的战略、业务、风控、队伍是经营"小而美"模式的"干法"，那这背后的经营哲学和价值观探究就是"心法"，就是乐清农商银行文化之道，是经营的最高层次。

一直以来，高剑飞十分重视文化传承与重塑，他对文化建设的重要性有这样一段精彩的阐述："千年的寺易见，百年的店难寻。文化看似无用，但无用之用，方为大用。文化缺失，基业不长。文化如何构建？向外求解，不如向内探索。鸡蛋从外打破是食物，从内打破是新生。如

果一个企业等待竞争对手从外打破你，那么注定成为别人的食物。只有主动从内打破，提升自己，构建自己的文化，才能成长。"乐清农商银行不仅重视文化的"无形之力"，同时也不断把文化"具象化"，以便让更多的人了解和研究"小而美"文化。

乐清农商银行打造了承载"小而美"文化精髓的文化展厅。展厅入口两旁挂着"理想永远年轻""乐清农商银行负责阳光雨露，你们负责茁壮成长""青春无问西东，奋斗自成芳华"等文化标语。展厅正厅里悬挂着一篇题为《文化无界　行者无疆》的文化赋：

文化无界　行者无疆

东海曙光，瓯越古风。海上名山，乐音清和。启新征程于辛卯，开小而美之宏卷，业务腾飞，文化流芳。

忆昔十年，探索维艰。以小为美，定位承胆略而行。差异经营，转型以牯牛之力。固守本源，坚持如磐石不移。征程追梦，襟怀理想之春；持续发展，成就百年之盼。

芳华十年，宏图初展。若夫开新时代之志，深化发展之观。一条道路，愈走愈强；两大底线，相得益彰；三个阶段，成效显扬；四项转型，展露锋芒；五种文化，履谱心章；六大银行，前景辉煌。

砥砺奋进高质量，心无旁骛逐梦行。新生态优势重塑，价值观境界再攀。天人合德，日月合明，此心光明，其道大光。厚德载物，舍得智慧，创新思维，简单管理。奋斗精神，匠心长存，利他主义，无我境界。

生命灿烂，文化如花。思想之光，灼灼其华。文化无界，行者无疆。大道之行，美美与共。

乐清农商银行的员工在展厅介绍说，在"五大文化"中，厚德载物，舍得而"德"；上善若水，利他即"道"。在创新中明道取势，在奋斗中问道幸福，在简单中道法自然，从而达到"以道御术"的文化境界。有了"道德"就是"明明德"，就会在具体的实践中"依本心，致良知"，就能产生知行合一的文化合力。

"小而美"的背后，关键在于乐清农商银行十年如一日地坚持文以载道，以文强行，增加文化软实力，通过不断地演变与进化，形成了独具特色的"五大文化"，用"舍得、创新、简单、奋斗、无我"精神引领他们阔步前行。

第 1 节 立足之道：舍得智慧

乐清农商银行文化的独到之处在于，把自己的经营心法与经营干法相得益彰、天衣无缝地结合，并在具体实践中落地形成了一套系统的文化之道。"舍得"智慧就是其文化之道的首要组成部分。

高剑飞经常与大家分享充满哲理的一个故事：师父问徒弟，如果你要烧壶开水，生火到一半时发现柴不够，你该怎么办？徒弟说，赶快去找，有的说去借，有的说去买。师父问，为什么不把壶里的水倒掉一些呢？

走进高剑飞的办公室，正面玄关挂着一幅醒目的书法，上面写着

"舍得"二字。他在掌舵乐清农商银行的实践中，其基本色调就是两个字：舍得。舍得既是其世界观，是其思维方式，也是其经营管理的基本理念与哲学。

舍得看似简单，但过程却是一场痛苦的煎熬。在舍与得的平衡中，辛酸苦辣只有高剑飞自己能够体会，他常笑着调侃说："我是乐清农商银行的'头号打工仔'，更是名副其实的'背锅侠'。"

1.1 舍大求小

国家当年四万亿元大投资时，信贷资金充裕，各家银行找到企业上门"送钱"。当地企业家有钱没处用，只好用在房地产上，开始脱离主业，脱实向虚。也正是那时，圈内形成一种"怪现象"：企业老板谁手上没有几个房地产项目在投资的，坐在一起吃饭都觉得没面子。在这种背景下，温州当地金融机构房地产贷款占比非常高，乐清农商银行也不例外，抵押贷款占比最高的时候达到36%。但高剑飞却嗅到一丝危险的气息，他认为，房地产行业贷款集中度过高存在大风险。于是，决定在增量上不再涉及房地产及与其相关的贷款，包括房地产开发贷款、涉足房地产业的实体企业贷款和大额房产抵押贷款；在存量上优化结构，逐步退出大额房产抵押贷款。他心里非常清楚，面子是虚的，不能当饭吃，不能为了面子，丢了里子。

但对于这样的决策，一线的员工根本无法理解，有抱怨，甚至有抵触情绪的。一家城区支行行长跑到高剑飞办公室抱怨："我们城区支行抵押贷款占比高，这些都是拥有优质资产的好客户，为什么要退出好客户？现成的好客户不要反而逼我们去找新的什么也没有的'差客户'，总行到底是怎么想的？而且，这些抵押贷款客户一旦退出，再拉回来就很难了。"一线的员工认为，总行相关房地产贷款政策的出台，就是把优质客户拱手相让，高层在拍脑袋决策。在风险还没暴露和显现的时候，做出这样的决策，对领导班子带来的内部压力可见一斑。

直到后来，温州金融风波导致房价大幅缩水，全市有大量房地产贷款出现风险。而那时乐清农商银行的房产抵押贷款已降至 15% 以内，且以小额为主，成功躲过这波风险。

1.2　舍近求远

近年来，乐清银行机构为了争夺有限的资源，纷纷通过考核规模、时点等方式提高自身市场份额。由此带来的中介市场公开买存款、介绍存款、打积分、虚开承兑汇票等乱象丛生。很多中介公司通过熟人找上门来，谈承兑汇票保证金、以贷引存等业务合作。一些支行行长也打电话到高剑飞那里说，附近的银行网点都在做这些业务，如果他们不做，市场份额根本上不去，竞争不过别人。

在这时，高剑飞保持了清醒的头脑，他认为："做银行是一场长跑，合规经营永远是最好的体力，要耐得住寂寞，经得住诱惑，顶得住压力。"因此，乐清农商银行始终保持定力，遵循"不违规、不盲目、不攀比"的"三不原则"，不追求一时的眼前利益，而注重长远的持续发展。在考核方式上也实行错位，存款只考核日均不考核时点，贷款只考核户数不考核金额，同时，将承兑保证金、质押存单剔除存款考核范

畴，严查存款打积分现象，彻底杜绝了网点冲规模和时点的欲望和冲动。但由此带来的季度、年末时点存款下降，也让他们承受了较大的考核压力和上级部门的质疑。

但乐清农商银行还是顶住压力坚持了下来，他们认为，过分追求短期利益往往是饮鸩止渴。不拼时点，势必会牺牲一些短期的业绩和利益。但下蹲是为跳得更高，有舍才能有得，忍不住暂时阵痛，堵不了寅吃卯粮，就很难保证业务的可持续发展。

1.3 舍同求异

面对日益激烈的同质化竞争，高剑飞提出了走差异化经营的策略，不与其他银行正面竞争，打价格战。但他这样的策略也引来了一些质疑，有人认为："银行竞争就要正面竞争抢地盘，不是'躲猫猫'，你们老是跟别人错位，就是没能力的表现。"但高剑飞面对质疑非常淡然，他认为："舍得是一种智慧，大舍大得，不舍不得。作为县域小法人机构，一定要想明白，我有什么，要什么，能放弃什么。厚德载物，认清自己才能做对自己，错位经营才是小法人银行持续发展的必然选择。"

2019年，《中国农村金融》副总编来到乐清农商银行采访，特地问高剑飞一个尖锐问题："如果有一家企业一直在你们这里贷款，现在他们规模增大后有更大的融资需求，超过你们的制度规定，你们怎么办？"高剑飞坚定地回复道："弱水三千，只取一瓢饮足矣。乐清有很多的明星企业，都是在我们这里贷款起家的，但他们发展大了需要更大的融资，我们也会果断地退出。这就像'孩子'养大后有能力出去发展了，我们就要舍得'放手'。"

……

这样的"黑锅"，高剑飞还背了很多。不过随着"小而美"道路的逐渐成熟和乐清农商银行业绩的证明，这些压力和质疑慢慢"消失"。但还有一个"黑锅"，高剑飞还在背着，甚至还要长时间地背着。这就是"小而美"这条路，虽然有了一定的成绩，但还是有人在质疑乐清农商银行坚持做小很快会碰到瓶颈、这条路会不会走不长等。

鲁迅先生说过："前驱和闯将，大抵是谁也怕得做。"战略选择不可能皆大欢喜，得人心也得罪人，有可能"食落众人口，罪过一人当"。领导者也难免会遇到挫折、遭到误解、受到委屈，甚至有背后飞短流长造谣的。经营面临的处境不可能"也无风雨也无晴"，有时背着"黑锅"前行，是领导者必须经历的修行！

文化既需要阶段煎，也需要长期熬，谓之文化转型的煎熬。正是经过了这样的煎熬滚煮，乐清农商银行的"舍得"文化才真正落地升华，修炼出更强的定力，始终保持一颗坚定的初心砥砺前行。

第 2 节　破局之道：创新思维

1998 年，任正非在"华为的红旗到底能打多久"的讲话中曾说道："华为就是一只大乌龟，20 多年来，只知爬呀爬，全然没看见路两旁的鲜花，不被各种所谓的风口所左右，傻傻地走自己的路。"

坚持"小而美"道路的乐清农商银行也树立了这样的形象，多年以来埋头努力向前，全然不被路旁的鲜花吸引，不被各种所谓的"风口"

左右，坚定地沿着所选定的道路前进。

过去十年是乐清农商银行的"黄金十年"，也是该行历史上发展速度最快、市场份额最高、盈利能力最强、资产质量最稳、品牌影响最广的十年，走出了一条"小而美"的差异化经营之路。虽然"小而美"一路走来，取得了一定的成绩，得到了社会各界的认可，但也有些声音认为乐清农商银行的创新不够，他们不跨区经营、不搞投行、不多元化经营，做法太传统、太保守。

十年如一日地只做一件事，确实显得"创新"不够。但高剑飞并不这么认为，他说："走自己的路就是创新，坚持就是最好的创新！"在他看来，找到一条不同于常人，适合自己走的路，并傻傻地坚持下去，这本身就是最重要的创新。乐清农商银行的创新文化与众不同，它的内涵也非常有特色。

2.1　走自己的路就是创新

乐清农商银行所谓的"自己的路"就是"小而美"差异化经营之路。这条路的精髓在于逆向思维，他们认为，众人不喜欢的地方，是有金矿的，风景这边独好。他们不墨守成规，径外寻径，而在众人不喜欢，眼界看不到的地方发现市场和商机。高剑飞经常会说："要走'选好的路'，别选'好走的路'。别人走的好的路不一定是适合你的，你跟着走不叫创新。真正的创新就是走自己的路、做自己的事、用自己的方。"

2011 年左右，一些农商银行启动商业模式创新，掀起外出办村镇银行的热潮，一些上级部门和内部员工提议，乐清农商银行在外乐商有 40 多万人，可以在外面发起村镇银行或对外投资。但高剑飞认为，外出设立村镇银行成本高、风险大、容易总部空心化，战线拉长了，核心竞争力就减弱了，主营业务的竞争优势就不突出了。外出设立村镇银行，有可能会因为经营不善，反而"拖累"自己。于是，经过认真研讨，乐清农商银行领导班子统一思想，决定不外设村镇银行，并找到了适合自己的"方子"——异地营销部模式。通过开展"在外商圈 211 工程"，各支行网点由 3~5 人组成异地营销小组"打游击战"，机制灵活，进退自如。在外乐商在哪里，乐清农商银行服务就跟到哪里，不仅成本低、风险小，而且速度快、效益高。打破了传统的营销方式，探索出一种"跳出乐清发展乐清"的创新方式。

2.2　坚持就是最好的创新

"坚持就是最好的创新！"这是一句高剑飞每次分享"小而美"经验或给员工授课时都会讲的话。乍听之下，这是一句前后矛盾、不合逻辑的话。因为一般对创新的理解就是"创立或创造新的"，而坚持就是"不改变不动摇，始终如一"。但细细品味之下，这是一句充满哲理的话。

创新永远不是一蹴而就的，需要经历从量变到质变积累的过程，往往最后坚持下来的企业才是最成功的企业。与时间相伴的有一种东西叫坚持，生命力越久就越有价值，这就是"剩者为王"。坚持是时间的函数，其所带来的增长是"指数型增长"。著名的"荷花定律"就能说明坚持所带来的复利效应：一个池塘里的荷花，每一天都会以前一天的 2 倍数量在开放。如果到第 30 天，荷花就开满了整个池塘。在第几天池

塘中的荷花开了一半？不是第 15 天，而是第 29 天。也就是说，最后一天的速度最快，等于前 29 天的总和。但很多人可能在第 9 天、第 19 天甚至第 29 天的时候放弃了坚持。

耐得住寂寞才能守得住繁华，"坚持"就是乐清农商银行实现十年间持续高速发展的成功密码。靠着时间的积累，我们看见了惊人的业绩。

2011 年，乐清农商银行在乐清银行业存款市场份额仅排第二，落后 A 银行 175 亿元。而浙江农信系统 81 家行社中，仅 4 家县域农商银行存款市场份额不是第一，乐清农商银行就是其中一家。这也使得乐清农商银行领导班子一直面临巨大压力，然而，他们也意识到，按照他们的"打法"，就像华为说的那只"乌龟"，想要市场份额追上来并超过去，几年内根本看不到希望。

有人建议高剑飞，乐清农商银行部分指标在全省农信系统甚至全国都领先，盈利能力也很不错，为什么不花点代价把规模上的差距弥补起来，这样就完美了。对此，高剑飞坚持道："商场如战场，剩者为王，我们拼的不是爆发力，而是耐力。既然我们选择了'小而美'这条路，就要忍受这条路上的泥泞。"这十年，乐清农商银行坚持走自己的路，虽然没有刻意追求规模，但却像那只"乌龟"一样稳步前进，最终规模却实现了跨越式增长。2019 年末，资产规模和存贷款余额分别比 2011 年增长了 3.5 倍、3 倍，近 3 年的发展超过了过去 60 年的发展总和。存贷款规模反超 A 银行 104 亿元。

2.3　创新要看结果，不能光看过程

面对"乐清农商银行很保守，没有创新精神"的质疑，高剑飞有他自己的看法。他认为："创新是有代价的，成功率是不高的。我们不能为了创新而创新，为了别人的肯定而创新。在创新之前，我们首先要弄明白创新的目的是什么？创新失败的结果是什么？"

创新的前提是依靠自己。现在所有企业都在谈创新，但很多人没弄清为什么去创新，靠什么去创新。部分农商银行在推进数字化转型时，认为数字化转型无非就是引入科技公司，帮助自己设计开发一套系统就好了，其实这是创新的最大误区。高剑飞认为，创新要接地气，不能脱离实际。引入外部的机构帮助创新没错，但完全依靠外部就会让自己失去主动权，并且外部主导的创新不一定适合自己，那创新的结果不会好到哪里去。

创新的原则是因地制宜。高剑飞曾经参加过一次第三方培训机构的培训会，一家专业咨询公司的介绍人在台上说："我们公司内部有一套重磅研究报告《农商银行转型整体解决方案》，共计 1 300 多页，只面对农商银行高管提供纸质白皮书"。当时受到众多农商银行高管的欢迎。但仔细思考：每一家农商银行的发展不可能相同，同一份转型方案能照搬吗？复制的创新还叫创新吗？

创新的评价是结果导向。前几年，金融机构业务创新，如各类表外业务、投行业务等收益很高，热火朝天。当时很多农商银行纷纷到上海设立金融市场部门。很多人问乐清农商银行为什么不去上海设资金业务机构？当时乐清农商银行领导班子经过再三考虑认为，目前资金市场效

益很好，收益很高。但同样资金市场套路很深，国有银行和股份制银行有专业团队研究。作为农民银行、草根银行，他们"智商"不高，没有这样的团队和能力到资本市场上去混。更何况出来混迟早要还的，并且代价是他们承担不起的。因此，他们决定不去。2017 年全国金融工作会议提出：金融要回归本源，服务于实体经济社会发展。随后，中央经济工作会议提出民营银行、社区银行，城商行、农商行要回归本源。并进一步解释所谓"回归本源"，即专注主业，更好回归服务实体经济。2018 年，资管新规落地后，很多银行进退两难，部分农商银行也出现了"踩雷"事件，而乐清农商银行没受任何影响。

在外界看来，乐清农商银行特立独行，"走自己的路、做自己的事、用自己的方。"不在乎别人的眼光，是因为他们有自己的"眼光"。"走自己的路就是创新，坚持就是创新！"是在坚守舍得的立足之道中的破局创新，是尊重规则但又懂得打破规则的创新方式。

第 3 节　管理之道：简单哲学

管理是简单的好？还是复杂的好？没有所谓的定论，管理就像"选鞋"，"合脚"的才是最好的。只有合适的管理，才是有实用价值的。

管理过头，比没有管理更可怕。很多大企业信奉"管理出效益""全流程管理"，但一些中小企业盲目崇拜和模仿大企业的管理模式，结果得不偿失。从没有制度到有制度，建立一套够用的、适用的、好用的制度就好，盲目追求高大上、大而全的制度不但无益，甚至可能会妨碍发展。

《道德经》说："为学日益，为道日损。"作为县域小法人机构的农商银行而言，管理应该学会做减法，而不是盲目做加法。

乐清农商银行每年要接待上百批来访交流学习的单位，被问到最多的一个问题就是："乐清农商银行做小风险怎么控？这么多小额贷款如何管理？"

高剑飞的回答很干脆："清华北大不如胆子大，做小额贷款不用想那么多，这个市场是谁胆子大就是谁的。做小额贷款关键是控制住员工的道德风险。"对于"小而美"模式的管理，他认为越简单越有效。只有化繁为简，以简驭繁，才能"四两拨千斤"。

同样，因为每年上百批兄弟行社的考察学习，乐清农商银行也引来了行业媒体专家的关注：该行贷款客户 12 多万户，客户经理只有 180人，人均管贷近 700 户，他们的管理方式到底有什么奥秘？带着这样的疑问，2018 年，某农村金融报刊记者到乐清农商银行采访高剑飞，最终发表题为《无为，才能走得更远！解密一家标杆农商银行"小而美"经营"心法"》的文章。文中对乐清农商银行的"简单"文化作了精练的概况："把复杂的事情简单做，简单的事情重复做，重复的事情用心做，作出工匠精神"。其实这就是"简单"文化的精髓所在。

3.1　复杂的事情简单做

很多人认为：管理要精细化，就是要复杂的，简单的话怎么管得好呢？从辩证的角度反向思考，为什么管理无法简单？是什么让管理变得复杂？其实，管理变得复杂最主要的原因是缺少系统思考，导致只见树

木不见森林，只看现象不看本质，只看眼前不看长远，就容易出现"按下葫芦浮起瓢""头痛医头脚痛医脚"，管理者甚至会成为"闲不下的救火队长"。

在看清本质，抓事物的主要矛盾方面，高剑飞有自己独特的思考。他说："观山见细壤，饮水思本源。我们离本质有多近，管理就能有多简单。只有回到本质去思考，才能看清现象背后的运作法则。"在具体管理实践中，他认为管理往往是"少则得，多则惑"，必须抓大放小，抓住重点，不能动摇。如果分不清主次，西瓜芝麻一起捡，就可能会捡了芝麻丢西瓜。

2011 年时，乐清农商银行的组织架构是树状式管理架构，网点有57 个，但支行只有 15 家。随着业务的快速发展，相对集中的"支行 + 网点（分理处）"的管理模式面临挑战，总行对一些指标增长快、业务规模大的支行的管理难度不断加大。同时，部分支行在业务快速扩张的条件下，管理能力有限，无法有效兼顾各网点（分理处），造成资源配置不合理，难以充分调动支行本级和各网点（分理处）的积极性。并且过长的管理链条导致支行行长的管理幅度和难度很大，很多的精力都投入在管理和协调上，脱离了业务发展，甚至变成"甩手掌柜"。高剑飞在分析了情况后，一下子就看到了问题所在：当时虽然支行少，但支行管理的分理处很多，因此支行都标配了 1 正 2 副的行长，正是应了那句老话："一个和尚提水吃，两个和尚抬水吃，三个和尚没水吃"，由于人多分工不明确，责任不清晰，从上到下管理都难。于是，高剑飞当即作出决定：推行扁平化管理。逐步将规模增长速度快、业务拓展能力强的分理处升格为支行，对部分管理幅度较大、牵制精力过多的支行适当拆分。并且他要求支行不再配备支行副职，支行行长管理本级，网点（分理处）主任管好网点，各司其职，职责清晰，管理的难题一下子迎刃而解。经过多年的稳步调整，乐清农商银行将原来 15 家支行陆续拆分成 28 家支行，每个支行仅下设 1~2 个网点（分理处），甚至不设网点（分理处），显著缩小了支行内部机构与员工的管理幅度、外部客户的规模与分布范围，使得支行的主要负责人从"教练员"变回"运动员"，可以集中精力抓业务、促发展。从而实现了人员 1+1>2，机构 1+1>2。其中先行试点的虹桥、北白象两大集镇支行在拆分后的市场占有率分别提高了 15 个和 19 个百分点。

在各个银行公认复杂的绩效考核方面，高剑飞也有妙招：在绩效考核体系里主抓一个"模拟利润"指标。他认为，银行的所有指标都要围绕利润来转，为了实现利润，银行必须要把贷款放出去，要放贷款的前提是需要吸收存款；贷款放出去要产生效益必须要把控风险；贷款申请和发放途径是手机银行，那必然中间业务也需要营销；模拟利润是绝对值，那就要控制经营成本，增强效率。因此，只要抓住了模拟利润指标这个关键因素，一切复杂问题都变简单了。

3.2　简单的事情重复做

彼得·德鲁克说："管理是一种实践，也是一种科学。"熟能生巧，巧能生精，在反复的实践中可以掌握事物发展的内在规律。乐清农商银行很多管理经验都是在长期实践中总结出来的"土办法"，"土办法"用久了，不断重复改进和总结提升，便形成了行之有效的方法论和规律。

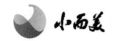

2008年时，乐清农商银行便已经开始提出"增户扩面"计划，他们采用的载体就是信用村建设，当时由于没有有效的方法，便采取了最简单的方式：要求客户经理挨家挨户地收集农户信息。由于没有统一的标准和电子化的档案管理，也没有想好如何利用这些农户信息，最终这些辛辛苦苦收集来的信息大都还没发挥用处，便"沉睡"在档案室。2014年，在总结第一次的农户建档的基础上，乐清农商银行建立了一整套整村授信标准化流程，包括村双委对接、信息收集、前期宣传、公议授信、走访签约等8大步骤，但由于在执行落地过程中缺乏具体要求、考核和督导机制，仍然存在信息不全、授信不实等问题，最终效果依然不明显。2016年，乐清农商银行推出"整村授信985"工程，对整村授信流程、农户建档标准、示范村利率优惠政策、风险容忍度、考核督导机制等都做出了明确规定，通过3~5年时间完成911个村的创建工作，对客户经理每个流程完成情况给予奖励，让整整重复做了6年的信用村建设工作取得了实质性的进步。

整村授信这一项简单的工作，乐清农商银行干到现在已经整整12年了，正因为不断的重复、失败、再重复、再失败、再重复，才有了农户贷款覆盖率超过40%的成绩。

把事情做到极致，就是"匠人精神"。再小的事情，也要做到极致、做到最好。大环境改变不了，争取营造小环境；小环境改变多了，就会改变大环境。高剑飞常说："我们做小做散，发展普惠金融，干的都是体力活，赚的都是辛苦钱。要把极致当成幸福来追求，将初心磨成匠心来坚守。田还是这块田，耕还是这样耕，糊涂地爱，傻傻地干。"

3.3　重复的事情用心做

把复杂的事情简单做、简单的事情重复做，最难的就是重复的事情用心做。因为前两个层次都是用考核或激励就能完成，但第三个层次需要"人心"去完成。

大道至简，繁在人心。人心的力量是无限的，可以托起一个企业，也可以毁灭一个企业，要想取得事业的成功，就必须重视人心的经营。而高剑飞正是深谙此道，在他的领导下，乐清农商银行也涌现出了一批把"重复的事情用心做"的工匠人物。

乐清农商银行大荆支行客户经理叶经理是一位在平凡的信贷岗位上用青春热血实践"工匠精神"的农商人。

一个人钟情自己的岗位，人生才会精彩。身为一名"农商人"，叶某始终爱岗敬业，保持服务"三农"、小微企业的初心。8 小时外的延时服务是他的"家常菜"，他的手机就是 24 小时咨询热线，他自诩是"救火队长"，在最短的时间内、用最高的效率解决客户的大难题，已经成了他的职业操守。

如果仅满足于"完成"而不追求"极致"，离成功将永远都有"最后一公里"。这是叶某的座右铭。在他的手机通讯录中有 2 000 个号码，他能够精准地说出每位客户的姓名、家庭和经营情况。相比坐在办公室和客户聊天，他更喜欢跑到田间地头，与农户近距离接触。他会主动为农户们出点子，扶持大荆当地的石斛等种植产业户，为出险的信贷客户争取保险金，为行动不便的客户上门办理手续，用自己的奔波、劳碌，

把丝丝缕缕的关爱，无声地暖在客户的心坎上。而村里面有事或村民间有矛盾需要协调的，都喜欢叫上他来帮忙，他不管多忙都会去，大家都亲切地称他"老叶"。

走过青春韶华，不悔两鬓染霜。一天的坚持并不难，难的是三十多年如一日的坚守。24年的时间都去哪儿了？叶某的时间大多贡献给了他热爱的农信事业。"白加黑""5+2"的工作模式早已成了他生活的一部分。他说："面对如此善良的农民，作为农民的子女，作为为'三农'服务的农信儿女，我没有理由不付出真心为他们服务。哪怕再苦，哪怕再累，我也乐在其中。"

什么是最好的管理？老子认为"无为而治"，没有管理的管理，恰恰是最高明的管理。乐清农商银行在"心"上用功，通过经营人心，用心经营，以求实现员工"蓬生麻中不扶而直"的管理自觉，最后达到"无为而治"的自我管理境界。

第4节　幸福之道：奋斗精神

企业最大的资产是人。企业界有句经典的话——"企无人则止"。从字面意义上讲，"企"字由"人"和"止"构成，无人则止；或者说，不能培养人才的，不能留住人才的企业，发展就会止步。

被誉为日本"经营之神"的松下幸之助曾有这样一段令人深思的哲理名言："当有员工100人时，我必须站在员工的最前面，身先士卒，发号施令；当员工增至1 000人时，我必须站在员工的中间，恳求员工鼎力相助；当员工达到 1 万人时，我只有站在员工的后面，心存感激即可；如果员工增至 5 万 ~10 万人时，除了心存感激还不够，必须双手合十，以拜佛的虔诚之心来领导他们。"可见这位企业经营的高手已经深谙笼子文化和巢穴文化的差别了，不再费力地去编织笼子，而是去打造巢穴，去开拓一片"松下"精神的天空。营造一片企业文化的天空，让员工在这个世界自由翔翔，才能让员工成为展翅的雄鹰，独当一面，而不是娇弱的雀鸟，安于一方之笼。这就是队伍文化的作用。

同样，乐清农商银行认为，员工是企业发展的"内在基因"，一旦破坏了基因，就会导致抵抗力下降，就容易生病。而健康的队伍文化正是保障企业健康发展的根本，因此，乐清农商银行一直都在致力打造自己的队伍文化。2019 年《中国农村金融》杂志社记者专访高剑飞后，发表了一篇题为《"极致的小而美"背后——专访浙江乐清农商银行党委书记、董事长高剑飞》的文章，记者问：乐清农商银行这些成绩的取得离不开一支高效有执行力的队伍，您对队伍建设有何思考？高剑飞说："我们把人作为最大的资本来投资，用办学校的心态办企业。"可以看到，乐清农商银行不再把人作为资源使用，而是把人作为资本来投资，从"人力资源理论"走向"人力资本理论"。

当然，不是每个员工都能成为农商银行发展的资本，每一个资本发挥的价值也都各不相同。如何能让人力资本发挥最大的效能？高剑飞认为："乐清农商银行的队伍文化就是：'奋斗'。我们就是要把每一位员工都打造成为'奋斗者'，让他们都有为之奋斗的理想、信仰和使命。"

4.1　"幸福银行"的理想

高剑飞在 2018 年 1 月 5 日作了题为《新目标　新思想　新征程　沿着"小而美"差异化经营之路继续前进》的五年发展规划报告，提出要打造以共生共荣为第一价值的"幸福银行"。要始终以员工为中心，让全体干部员工在共建共享发展中拥有更多获得感、幸福感、安全感，打造"外有影响力、内有向心力"的"小而美"幸福品牌，以强有力的的价值认同，熔铸共生共荣的农商命运共同体。这样的理想让员工更加聚焦"小而美"的战略目标、倡导"共分享"的价值理念、传承"奋斗者"最美的队伍文化，进一步明确了努力的方向，增强了队伍的凝聚力。

《孙子兵法》说："上下同欲者胜。"这里的"欲"是指价值导向、价值追求的一致性。乐清农商银行把这种智慧运用于队伍建设，让员工有共同奋斗的理想，才能让员工同心同德、同愿同行、同频共振。在2017 年年会上，高剑飞作了题为《理想永远年轻》的致辞，让"理想"一词在全体乐清农商银行人心中"生根发芽"。

各位农商人：

晚上好！时光飞逝，转眼我们已经迎来 2018 年。在这里，我向全体干部员工致以新年的祝福！也祝愿我们乐清农商人的家属朋友们新年快乐！

2017 年，我们的业务大放异彩，普惠金融落地有声，品牌文化更有影响，"小而美"的道路越走越好，农商气质越来越足。我们的福利待遇节节攀升，我们有了更多的获得感、幸福感、安全感。我们的"农商梦"又迈进了一步。我们党委对这份成绩单是满意的。这份成绩属于你们，属于每一个乐清农商人，也属于一直在背后默默支持和付出的农商家属们。2017 年，同志们辛苦了！

想到你们，总有一种感动让人温暖，总有一种力量鼓舞人心。这一年，我们的客户经理走千访万、走南闯北，撸起袖子加油干，汗水洒满了营销路；这一年，我们的柜员勤勤恳恳、任劳任怨，立足岗位作贡献，用笑容温暖每一位客户；这一年，我们的行长、主任干在实处、走在前列，逢山开路不畏难，用肩膀扛起一片蓝天。这一年，我们全体农商人，同心同愿同行，用勤劳的双手共筑我们的家，用奋斗的热情抒写美好人生。让我感受到，幸福是奋斗出来的。奋斗的人最光荣。在此，让我们为奋斗者点赞！

你们是农商银行最大的财富。你若奋斗，我必厚待！让有理想的人成长，让想创业的人成功，让肯奋斗的人前进。这是乐清农商银行对你们的承诺！

2017 年，有 60 多批、100 多家单位来我行学习经验，我也应邀到福建农信给 2 万多人做经验介绍，大家都对我们"小而美"的发展模式非常认可。我们"小而美"模式已经载入《2017 中国普惠金融发展报告》影响深远。坚持就是创新！我们要把"小而美"道路坚持走下去，走成文化，走出自信，让农商行的这份智慧源远流长。

"小而美"的道路不是用来说的，"农商梦"也不是光靠想的。人生只有走出来的美丽，没有等出来的辉煌。党的十九大胜利闭幕，中国迈入新时代，乐清农商银行开启五年规划新征程，迈入新时代的我们拥有

更多实现梦想的可能。努力奋斗才有机会，向前奔跑才能抵达。不要问理想几岁，理想永远年轻！

在追逐理想的道路上，愿你永远年轻，永远热泪盈眶。我拒绝平庸，我喜欢在实践理想的道路上做一个狂奔者，你们敢不敢跟我上？

一滴水唯有融入大海才不会干涸，一个人只有把自己融入集体事业才有力量。人生没有白走的路，你走过的路，每一步都会算数；你的每分付出，农商行都会记住。今天，你陪农商行长大，明天，农商行陪你到老。面对未来，愿你们拥有永远年轻的阳光心态，一往无前的奋斗姿态，永不懈怠的精神状态，朝气蓬勃地迈入乐清农商银行新时代。

4.2 "信农商，农商信"的信仰

一个有生命力的队伍文化，像磁铁一样具有吸引力和感召力。每个人、每个企业、每个组织，都是一块磁铁，都有一个磁场，在认同相同的企业文化后，知音合拍、同舟共济、互补互助，才能达到团队最大工作效率。而有共同奋斗的信仰是将一个组织打造成为"超级磁场"最好的方式和途径。高剑飞在2018年公司年会上作了题为《信农商，农商信》的致辞，以给员工的一封"信"的形式，对乐清农商银行队伍信仰作了最好的诠释。

亲爱的家人们：

新年好！2018，你们过得好吗？当你为了拓展业务徘徊在村口的时候，我想对你说，你敢闯、敢试、敢于突破的精神，都会成为我们前进的动力。当你为了客户放下面子的时候，我想对你说，你每往前走一小步，农商行就往前走了一大步。当你为业绩夜不能寐的时候，我想对你说，你的每一次坚持和突破，都会激发我们创新的活力。这么多年，我们一起走过，你们的艰辛付出、你们的情怀理想，我们都看在眼里，记在心里。我想对你们说，谢谢你们！有你们真好！

2018，有一种坚持叫"走自己的路"。"小而美"道路从量到质，"小而美"文化从无到有，"小而美"品牌从弱到强，我们走出了道路自信，走出了文化自信，更走出了农商人的自信。2018，有一种努力叫"树行业标杆"。我们为全国兄弟单位树立乐清样板、提供乐清智慧、作出乐清贡献，收获了成绩、收获了成长、更收获了一份意义和价值。2018，有一种变化叫"高质量发展"。我们用"错位、包容、协调、开放、共享"的发展理念，构建了新的生态；我们用"客户第一、员工第二、股东第三"的利他精神，打开了新的格局。路在脚下，2019，让我们自我超越，从"新"出发。

你若奋斗，我必厚待。为担当者担当、为执行者负责、为创新者撑腰，这是我们的承诺。你若精彩，必有舞台。让有理想的人成长，让想创业的人成功，让肯奋斗的人前进，这是我们的愿望。心怀感恩，拥抱未来。感恩农商客户的支持厚爱，感恩农商家属的理解信赖，感恩农商员工的风雨同伴，这是我们的心声。路在心里，2019，让我们学会感恩，从"心"出发。

心因信仰而有方向。我们是谁？为何而来？走向何方？只要继续追问，答案就在心里。姓农姓小姓土的我们，走自己的路就是创新，坚持

就是最好的创新！路因信守而有希望。只要方向坚定，幸福就在前方。农商梦已经起航，只要我们众人划桨、勇往直前，美好愿景定会实现。家因相信而有力量。相信农商有理由，选择农商有未来。一人奋斗，全家幸福，现在奋斗，终身幸福。信自己、信家人、信农商，信我们美好的明天。路在前方，2019，让我们梦想不止，从"信"出发。

信农商，未来不是梦；农商信，明天会更好。让我们不负韶华，携手同行！

乐清农商银行用组织的共生信仰建设人心，打造有信仰的组织，形成团队的磁铁效应。员工在这样的文化磁场中同频共振，形成了强大的凝聚力。

4.3 "三为三谋"的使命

世界上的企业分为两种：一种是普通企业，单纯追求销售、利润，以竞争为目的的企业；另一种是使命型企业，以使命、愿景、核心价值观驱动的企业。乐清农商银行就属于后一种。使命型企业跟普通企业一样，也没有天生的蓝海，也同样会遇到竞争，但他们的思维模式有着根本不同。

高剑飞在2019年年中工作例会暨主题教育学习会工作报告《牢记初心使命　勇于担当作为　以"小而美"价值观引领高质量发展》中提出了乐清农商银行的使命：为客户谋利益，为员工谋幸福，为社会谋价值。在这个使命的引领下，乐清农商银行每位员工也是如此，在为自己谋求幸福的同时，为客户谋利益，为企业谋发展，为社会谋价值。

1997 年入行的虹南支行客户经理周经理，也是一个杰出奋斗者的代表。在担任客户经理的 9 年中，他作为支行信贷业务的顶梁柱，每年都超额完成各项指标任务，不仅业绩突出，更有极强的责任感和奉献精神。一个周末，在微信聊天中，他偶然得知一位客户的父亲出了车祸，急需 7 万元做手术，他当机立断赶到单位，加班为客户办理了贷款，为这位客户送去"救命钱"。

2010 年入行的大荆支行客户经理李某，是一名"85 后"，但他的奋斗精神却不输老一辈的农商人。2019 年 8 月 10 日凌晨登陆的超强台风"利奇马"重创了乐清市大荆镇，全镇受灾严重，几乎全部的车辆被水淹没甚至冲走。当然，李某的车也难以幸免，被大水冲得不见踪影，有好心的同事帮他发起寻车启事，并在朋友圈大量转发。而那时的他，却在单位忙碌，搬电脑、扛资料、清淤泥、办贷款，仿佛丢车的不是他。有同事问他："你的车不见了，不去找车吗？"他笑笑说："车子可能冲进石门潭了，我也捞不起来呀。但是来单位，至少我还能帮上忙。现在老百姓受灾了，急需要贷款周转，我能多办一笔是一笔。"说完，他就急急忙忙跑到乡下去受灾客户家里走访慰问，了解客户的受灾情况和金融需求。

在乐清农商银行，这样的例子比比皆是。这些都是他们奋斗精神的真实写照，也是他们不懈努力的使命担当。

第5节　利他之道：无我境界

在中国传统文化中，老子讲天地以其不自生而长生，也就是说，天地的大道是无私的，是给予的。儒家讲克己讲亲民，讲民为重，社稷次之，君为轻，讲立己立人达于至善，讲内圣而外王。佛家讲以众人之心为心，普度众生，讲自觉觉他德行圆满。从古至今，中国的传统文化都是向内求，向外予，讲责任，讲利他。

而农商银行的利他是什么？高剑飞认为是普惠金融。在这方面，浙江农信是全国农信的前行者。2013年浙江省政府印发《浙江农信普惠金融工程三年行动计划（2013—2015年）》（浙政办发〔2013〕99号）。构建"基础金融不出村、综合金融不出镇"的服务体系，实现了金融服务覆盖面更广、效率更高、质量更好。在总结经验的基础上，浙江省农信联社再次拟定《浙江农信普惠金融提升工程五年行动计划（2016—2020年）》，高质量推进普惠金融发展，推动金融服务大局更实、普惠金融发展更好、金融领域改革更深。

在普惠金融方面，乐清农商银行一直是浙江农信系统的"佼佼者"。2017年乐清农商银行"小而美"模式被作为典型案例载入《2017中国普惠金融发展报告》。2018年《中国农村金融》杂志就刊登了《乡村振兴的金融实践——浙江乐清农商银行"小而美"的普惠金融样本》一文，文章中提到乐清农商银行以"普惠式信贷"为着力点，通过规模效应、链式效应和杠杆效应助力乡村振兴，提高经济欠发达村和低收入农户的信贷可得性，扩大农村信贷覆盖面，充分发挥金融在乡村振兴中"四两拨千斤"的作用。

5.1　相信方能看见

金融机构一般做"看得见的业务"，看重资产，但乐清农商银行更愿意做"相信的业务"，更看重人品。他们认为，农民最讲诚信，只有企业老板跑路，没有农民跑路；农民最稳定，基本不受经济周期的影响。他们对"三农"的情怀，来源于流淌在血液里的情感，来源于与生俱来的使命感，他们认为"帮客户就是帮自己，救客户就是救自己"。

在乐清农商银行内部，有一个《西瓜的故事》很有名。这是一个真实的故事，在2019年的"奋斗者之歌"浙江农信文艺巡演中被搬上舞台。

大荆仙溪大岭头村的农民牟先生到乐清农商银行贷款10万元，打算去外地种西瓜。

第一年，牟某在云南种植西瓜时遭遇旱灾，抽水抽到地下十几米都没水。眼看着即将成熟的西瓜就要枯死，牟某回家问兄弟借钱，兄弟的妻子不同意，没借到钱。而乐清农商银行的客户经理在了解情况后继续给予其支持。

第二年，他拿着贷款到云南的另一片地重新种瓜，天不遂人愿，又闹病虫害。当时恰逢温州金融风波，在其他银行纷纷抽贷保身时，乐清农商银行却给他增加了贷款额度。

第三年，牟某又从云南辗转到海南种西瓜，这一年西瓜收成不错，本以为可以把前几年损失的钱赚回来，却遇上大雪封道，所有的西瓜都运不出去，牟某彻底绝望了。正是这个时候，乐清农商银行的客户经理

赶到海南，走访瓜农了解受灾情况后，表示将继续给予支持，但牟某绝望地哭天喊地说："我不要你们的钱，是我的命不好。"客户经理安慰道："不是你的命不好，你诚信、勤劳又坚持，一定会成功的！我们不支持你这样的人，还支持谁呢？"

因为客户经理知道，牟某只要坚持，就有收获，一旦放弃，血本无归。苦心人天不负，第四年，西瓜终于大丰收，牟某还清贷款后还盈余10万元。后续几年，西瓜收成都不错，他将赚来的钱全部存在了乐清农商银行，还在老家盖了新房子。

乐清农商银行"利他文化"的内核就是相信人和社会的美好，本着"人性本善"的价值取向，承担属于自己的社会责任，让社会更美好。他们认为商业的本质应该回归到关注人心，以人为本。人心所向，就是流量聚集的地方。立足人心，也是他们生生不息的关键。

5.2　坚守方得始终

2018年，某农村金融报刊记者采访高剑飞时问道："我们都知道，'三农'工作是最难做，也是最难坚持的，在实践中你们是如何坚持的？"高剑飞说："'三农'是我们的立行之本，服务'三农'需要的是一种情怀、一种担当、一种坚守。这是我们最大的使命和责任，过去不能丢，现在不能丢，将来更不能丢。"因此，乐清农商银行始终坚守本源，坚守农村，坚守道路。

20世纪90年代，乐清市仙溪镇是当地最落后的贫困镇，这里靠山靠不住、靠海靠不住、靠田靠不住，村民没有什么收入来源，只能种点番薯度日。那时，乐清农商银行在仙溪镇里设立网点，很多人不理解，认为没有一分存款的贫困镇，为什么还要设网点？但乐清农商银行就这样坚持了下来，还主动向政府申请为村民发放扶贫贷款，支持村民发展域外农业。

仙溪镇大岭头村是人均年收入不足 300 元的贫困村，村民主要从事域外反季节水果种植，尤其以西瓜种植为代表。2003 年，乐清农商银行了解到该村情况后，积极与政府部门对接，向该村发放了首笔扶贫贴息贷款 60 万元，让该村农户尝到了发展域外农业的甜头。

这种支持一坚持就是十几年，十几年间，乐清农商银行无条件支持这些农户，从不抽贷、压贷，认为农户小额贷款要重人品、轻资产，农民是最勤劳的、最讲诚信的，只要农户有还款意愿都应该支持。如今，该村年收入超过 2 000 万元，年人均纯收入达 3 万元，被社会各界赞誉为没有西瓜的"西瓜王国"。走进乐清市仙溪镇大岭头村，联排的新房映衬着郁郁葱葱的山光景色，与十多年前的贫困村形成鲜明对比。

当然，付出也有回报。为了感谢乐清农商银行的支持，仙溪镇的在外瓜农每年都将赚来的钱存回当地网点。正因为如此，仙溪这个本来不应该设立的网点，连续几年存款增量都位居全部分理处首位，如今存贷款规模达到 12 亿元，并成功升格为一家支行。

5.3　利他方会走远

高剑飞认为："乐清农商银行想要打造'百年银行'，要有利他情怀，不仅要锦上添花，更要多点雪中送炭。"

2019 年 8 月 10 日凌晨，超强台风"利奇马"在浙江温岭市登陆，毗邻温岭市的乐清市大荆镇等地区严重受灾，经济财产遭受重大损失。乐清农商银行紧急驰援"利奇马"重灾区，迅速召开紧急救灾协调会议，动员员工分赴灾区开展慰问走访，第一时间向乐清市慈善总会捐赠100 万元。向乐清市大荆镇、仙溪镇、湖雾镇、智仁乡、龙西乡等发放矿泉水、方便面和饼干 5 000 箱，为灾区送服务、送温暖。同时，组织员工了解民营小微企业、种养大户、个体工商户、普通农户等的受灾受损情况，优先安排 15 亿元专项抗灾贷款资金，帮助受灾客户开展生产自救，这些贷款通过降低利率、延长期限、无本续贷等措施，为陷入灾后窘境的客户解决燃眉之急。

2020 年 1 月 27 日正月初三，在新冠疫情开始蔓延的紧急时刻，乐清农商银行迅速反应，不仅作为全市第一家金融机构向乐清市慈善总会捐赠 100 万元，还在乐清"封城"、银行全面"停业"的形势下，成立金融服务突击队，对全市唯一口罩生产企业康力迪、重点粮食供应企业仙虹粮油分别授信 1 000 万元、400 万元，用于支持疫情期间的口罩生产和粮食供应，全力保证防疫物资的有效供给。不仅如此，为了扶持小微企业复工复产，缓解疫情带来的困难和压力，他们主动对制造业、住宿餐饮、批发零售"三大行业"共减免贷款利息 552 万元。

内圣外王，功到自然成，果熟自然红，这就是"心法"的智慧。舍得是一种意志力，创新是一种思考力，简单是一种执行力，奋斗是一种幸福力，无我是一种生命力。"知道"而后"行道"，就有了乐清农商银行知行合一的文化合力。

第 8 章
持续演化的商业模式

在不变中求变，不变的是战略，变的是战术，不变的是道路，变的是逻辑。

——高剑飞

现代管理学大师彼得·德鲁克曾说，当今企业间的竞争不是产品与服务的竞争，而是商业模式的竞争。什么商业模式是好的商业模式？高剑飞曾多次谈起对商业模式的看法，他认为："商业模式没有对与错，只有合不合适和坚不坚持。"对于乐清农商银行而言，"小而美"模式是一种正确的选择，这已经经历过金融风波的洗礼、实践的证明和大家的认可。但"小而美"模式一经形成后就是一成不变的吗？答案肯定是否定的。任何商业模式都是要在"与时俱进"中成长、积累和演化的，"小而美"模式也是经历过几次重大的转型升级才实现了自我成长演化。

2018 年，某农村金融报刊记者采访高剑飞时，问"小而美"模式成功的关键是什么？高剑飞说："精准定位是核心，快速转型是关键，持之以恒是保障！"综观乐清农商银行"小而美"模式的发展史就是一部创新史，他们的每次转型无论在时间节点、转型节奏、执行力度等方面都为我们提供了一个绝佳样本。

第1节 上半场：经历三次转型

在乐清农商银行内部，他们根据发展形态和发展逻辑的变化，将"小而美"差异化经营之路分为上半场和下半场。

从2011年到2018年，乐清农商银行始终坚持浙江农信"姓农、姓小、姓土"的核心定位，各项业务快速、稳定、健康发展，只要规模增长了，其他指标均会呈现正向增长。但是，2019年出现了拐点，一方面存贷款规模增加了153亿元，创历史新高，但营业净收入首次出现负增长，以量补价的时代已经一去不复返；另一方面存款新增114亿元，贷款仅新增40亿元，新增存贷比不到40%，贷款营销已难上加难。因此，乐清农商银行以2019年为分水岭，将前十年称为农商银行"上半场"。这是"小而美"模式形成并实现快速发展的阶段。

这个阶段经历了三次重大的调整转型，每一次的转型过程都并非坦途，有过竞争对手的围追堵截、转型的迷茫阵痛、也有后发制人的"弯道超车"和"换道先跑"，在大家都在谈转型的今天，值得我们反复品味。

1.1 看清危机，从大到小

2009年，在国家推出四万亿元大投资、大建设时期，各家银行都热衷于做大企业、大项目，但高剑飞却提出放弃大企业、大客户。他说："国有银行和股份制银行都在抢大企业、大客户，我们一家小银行没能力跟他们竞争，并且大企业、大客户和我们门不当、户不对，不是我们的菜，拉不来、养不起、也留不住。一旦出现风险，我们更加担不起。"于是他提出了"新增保证类 500 万元以上的企业贷款，300 万元以上的个人贷款，坚决不进"的要求，并写入制度，严格执行。这一决定"一石激起千层浪"，遭到外部和内部很多人的质疑和压力。一边是来自企业的压力。大企业老板都是政协委员、人大代表、社会能人，通过各种渠道向银行施压。另一边是来自支行的压力。他们认为不支持大企业、大客户，在当地就没有话语权，一旦退出，就需要填补存贷款流失的大窟窿；而"做小"太慢太累，短期难见成效。甚至有人说，领导是不是脑子进水了？到底懂不懂业务？

就在这内外交困，各方矛盾与利益诉求相互交织、各种观点交融交锋的时候，高剑飞顶住了压力，没有被困难所惧，也没有被干扰所惑，最终让"从大到小"的战略真正落地。

也正是这一次的战略调整，让乐清农商银行在 2011 年爆发的温州金融风波中独善其身，实现了逆势发展。

1.2　航行蓝海，从上到下

金融风波之后，各家银行纷纷将触角转向零售市场，个人零售市场同质化竞争激烈加剧，尤其是金字塔顶端的 20% 的客户，他们有资产、有现金流，一下子成为了各家银行竞争的"香饽饽"。高剑飞看到了竞争背后存在的风险，他认为："过度的同质化竞争，让个人客户也产生了'银行多头授信，客户过度融资'的情况，在不久的将来，同样会产生大风险"，于是他再次决定战略转移，推行"从上到下"的战略调整，

从银行传统的"二八定律"向"八二定律"转移，将资源向金字塔底部80%的长尾客户延伸。

同样，他提出的"不要白富美，只要小而美"，"远离高大上，拥抱低小散"理念也一时难以被大家接受。而这次的压力大都来自内部，因为基层认为客户金字塔中底部的客户没有优质资产，没有贡献度，风险比较大，万一出风险了，还要他们来承担责任。员工的抵触没有让高剑飞退缩，他认识到：转型成功的关键还是员工的思想要先解放，要去接受新的理念，才能执行到位。于是，高剑飞在之后的每次会议和不同场合中，很有针对性地对总行部室、支行行长、分理处主任、客户经理和柜员"授课"，把转型理念和倒金字塔模型讲深讲透，推动全行上下进行理念转型。不仅如此，他还为转型过程中出现的风险"埋单"，给予基层一定的风险容忍度，打消他们的顾虑。

正是这次成功转型为"小而美"模式"塑型"，为乐清农商银行"变道超车"，实现地方金融"小冠军"打下坚实的基础。

1.3 突破瓶颈，从量到质

2017 年，乐清农商银行的业绩实现了前所未有的巨大飞跃。存贷规模增长创下历史新高，五级不良率依然维持 1% 以下，贷款客户年增超过 2.3 万户，人均创利突破 170 万元，同比新增超过 40 万元，在全省农信系统经营管理综合指标考核中排名第一、被银行家杂志评为"2017 中国商业银行竞争力评价·农村商业银行"（资产规模 500 亿元以下）第一名、被银监会评为全国标杆农商银行。

这些数据和荣誉都是值得乐清农商银行为之庆祝和自豪的。但就在这个时刻，高剑飞却提出转型。大家都在困惑：这样的业绩下，不是应该按着现状继续走下去吗？为什么要在这时候转型，万一影响业绩怎么办？但高剑飞还是坚持自己的观点，他认为："现在的业绩，正是前两次转型的成果，但转型带来的红利已经消耗殆尽了，我们许多指标都做到极致了，提升空间已经不大。如果继续这样走下去，很快就会走下坡路。正是基于这样的考虑和判断，高剑飞提出"从量到质"的转型方向，连续提出了"小而美"高质量发展的目标愿景、"小而美"高质量发展新生态、"小而美"高质量发展的理念，向乐清农商银行全体员工描绘了高质量发展的蓝图。

在2018年年初工作会议讲话中，高剑飞分析了乐清农商银行高速发展的压力，提出了"小而美"高质量发展的目标愿景。他说"面对重重压力，要如何走出竞争的困局，冲破发展的'天花板'，实现突围发展？我们在空间和资源多方受限的情况下，高速度发展不可能一直持续，只有向高质量发展才是我们突出重围的唯一出路。"

在2018年年中工作会议暨思想政治工作会议上，高剑飞作了题为《坚持党的领导 坚定道路自信 全面构建"小而美"高质量发展的新生态》的报告，在报告中他总结了"小而美"一路所取得的成绩和感悟，分析当前政策环境变革、竞争格局改变、业务高速发展都倒逼乐清农商银行向高质量转型发展，他提出要构建"党的领导、员工为本、价值引领、持续发展"的"小而美"高质量发展新生态。

2018年第三季度工作会议上，高剑飞作了题为《坚定信心 解放

思想　实干担当　全面开启高质量发展的新征程》重要讲话，对如何推进高质量做了战略部署。他认为要实现更高质量、更有效率、更可持续的发展，就要保持定力、解放思想、激发活力。他说："思想是行动的先导，没有思想的大解放，不转变发展理念，就难以实现高质量发展。我们要实现高质量发展就必须践行错位、包容、协调、开放、共享的五大新理念。"

正是这次转型，让乐清农商银行完成了"小而美发展观""小而美生态观""小而美价值观"的价值体系构建，也实现了从量到质的转型升级，为未来的可持续高质量发展提供了保障。

第2节　下半场：转变五大逻辑

前三次转型发生在乐清农商银行同一个发展周期内，是对"小而美"模式的逐步完善和升级，但从2019年以来的经济金融形势及农商银行自身的发展来看，经营的思维和发展的逻辑已发生翻天覆地的根本变化，尤其是新冠疫情后，农商银行的短板被进一步放大，乐清农商银行转型升级已经迫在眉睫，"小而美"道路如何进行迭代，高剑飞给出了自己的思考。

2020年1月3日，高剑飞在乐清农商银行2020年工作会议上作了题为《农商行的下半场》专题报告，明确提出了2019年是乐清农商银行发展历程的转折年，2019年之前被称为乐清农商银行发展的"上半场"，并提出 2020 年之后"下半场"发展的五大逻辑变化。《中国农村金融》杂志第一时间在官微推出《农商银行下半场——浙江乐清农商银行董事长高剑飞关于 2020 年的专题报告》，这篇短短 800 余字的新闻稿意外"走红"，被多家媒体纷纷转载，关于农商银行下半场的讨论在全国范围内迅速展开。

2020 年 2 月 20 日，高剑飞在《中国农村金融》杂志官网发表头条文章《疫情后农商银行发展逻辑之变》，深刻剖析了疫情后农商银行发展的痛点、机遇和逻辑变化，文章观点深刻、金句频出，为"后疫情时代"农商银行新的工作部署提供了启迪。该文章在短短几小时内阅读量超过 7.5 万，同样在业内引起广泛共鸣和强烈反响。

2020 年 3 月 2 日，带着大家关注的几个问题：农商银行"下半场"的"拐点"是如何判断的？在"下半场"中，到底如何把握"变"与"不变"？突如其来的新冠肺炎疫情是印证还是打破了"下半场"的逻辑？《中国农村金融》杂志记者对高剑飞进行了深度专访。一问一答的字里行间，都透露着高剑飞对乐清农商银行下半场发展的深度思考和清晰规划。

有位企业家很形象地比喻，中国经济上半场是"电梯模式"，只要你踏入电梯，你都会轻松地快速向上。下半场是"攀岩模式"，必须要找准"着力点"和"落脚点"，要不然便会粉身碎骨。其实农商银行的发展也是如此，上半场正好赶上了中国改革开放的好时机，尤其是近 15 年遇上政策红利、制度红利、市场红利，凭借着本土优势和后发优势"异军突起"，各方面都取得了质的飞跃。但下半场开始，这些红利和优势消耗殆尽，农商银行如果没有与时俱进，转变新理念的话，在激

烈的银行竞争中就很难脱颖而出。

2020年以后是乐清农商银行"小而美"道路的下半场。对比上下半场的转化，高剑飞提出："行业逻辑的变化要求农商银行不能再墨守成规，按照以前的逻辑来经营，而是要主动顺应大势，转变核心逻辑，用工匠精神经营好农商银行的'下半场'"。对于农商银行下半场的发展逻辑，高剑飞认为有五个方面的转变必须把握。

2.1 变"比拼速度"为"比拼耐力"

上半场，银行资产业务还处于卖方市场，跑马圈地、比拼速度是主流，只要规模在增长，就会活得很好。而下半场，银行业务转为买方市场，业务的主动权已发生改变，因此，发展模式也必须要由"比拼速度"转向"比拼耐力"。高剑飞认为要具备好的"耐力"需要完成三个转变。

从"重负债"到"重资产"。上半场讲"存款立行"是符合大势的，因为当时银行业准入严、门槛高，竞争不充分。导致了负债成本低，资产供不应求，一进一出的巨大利差就让银行成为当时躺着赚钱的"暴利行业"。但下半场形势变了，一方面负债成本高居不下，乐清农商银行的存款付息率从十年前的0.96%提升至目前的2%。另一方面拓展有效资产也越来越难，抢夺好客户的竞争越发激烈。因此，资产负债难以匹配，"资产为王"时代已经到来，谁拥有有效的资产客户越多，谁就活得越好。如果没有资产端的支撑，存款规模越大亏损越多，存款将会变成"累赘"。

尤其是作为县域小法人的农商银行，资源统筹能力弱，产品创新和科技支撑不足，随着国有银行和股份制银行的机构和市场进一步下沉、银行业务线上化的趋势进一步强化，农商银行"主阵地"竞争压力更大。因此，高剑飞在谈到下半场资产业务如何开展时提出："下半场，农商银行必须要放弃'短板理论'，而要把'长板'做长，进一步巩固和放大自身的优势，跟其他银行错位竞争。"因此，下半场加强存款"零库存"管理，以资产带动负债，以资产配置负债，集中精力下好资产"先行棋"。

从"要流量"到"要留量"。上半场，由于竞争还不充分，农村市场资源多、客户多，并且资产端存在供小于求的情况，导致客户大量流入、少量流出，农商银行客户"蓄水池"的水在不断地增加。因此，那时乐清农商银行选择的经营策略就是"绝对错位"。高剑飞当时提出的错位经营理念就是："人无我有、人有我优、人优我转。其他银行做集镇，我们做农村；其他银行做企业、我们做个人；其他银行做大额，我们做小额；其他银行做抵押，我们做担保；其他银行做担保，我们做信用。"总而言之，他们就是不和别人打价格战，实行绝对的错位经营。但下半场，随着竞争加剧，农村市场已不是农商银行"一家独大"的格局，线下流量红利已经消失，同质化的产品和价格战让农商银行的客户大量外流，流量已经逐步小于或接近流失。从乐清农商银行的情况看，每年存量资产客户的流失率达到20%。在这样的形势下，如果还一味地保持"绝对错位"，客户"蓄水池"会逐渐减少直至干枯，进而影响整个客户生态。因此，要从"要流量"转为"要留量"，推行"相对错位"的经营策略，把原来"出走"的客户"捡回来"，做大增量，做精存量。

从"靠产品"到"靠人品"。上半场，银行业务处于卖方市场时，

是"产品选人"，银行只要把产品做出来，就不怕没人要。尤其是农村地区，金融服务需求远高于供给，农商银行的产品在当地很受追捧。但下半场，贷款处于买方市场，是"人选产品"，客户信赖的更多是产品背后的"人品"。因此，下半场，农商银行的服务理念必须要有所转变。

首先要变被动为主动。不要再沉浸在"等客上门"的传统思想里，"野生"的客户已经不多了，守株待兔只会活活饿死。客户经理要主动"走出去"营销，在传统整村授信、进村入企的基础上，灵活运用微信圈、抖音、微博等新媒体，进行产品的宣传和营销，提升客户体验度。其次要变标准为个性。现在银行的业务是"C2B"而不是"B2C"，产品好不好不是自己说的，是看客户喜不喜欢，愿不愿办理来定的。因此，农商银行要放下"骄傲"，要主动迎合客户的需求，为他们量身定制产品。最后变单一为综合。下半场，银行业务早已不是简单的"存贷汇"了。银行创新教父布莱特·金在《Bank 4.0》中提出："未来的金融服务无所不在，就是不在银行里"，这说明未来银行服务的趋势就是多元化和综合化的，农商银行要在下半场赢得客户，就必须要为客户提供"一次跑""一家子""一条龙""一站式"等增值服务，大力发展以人为核心的全方位普惠金融。

2.2 变"防控风险"为"经营风险"

上半场，农村市场基本上是农合机构独家经营，在有选择客户的主动权在手，农商银行防控风险的方式也比较"强势"，通过把有风险的客户"拒之门外"来防控风险。但下半场竞争激烈、资源有限，选择权转移到客户手上，农商银行就要转变风险的理念，必须要"拥抱客户"，与狼共舞，通过把分母做大，去包容风险并经营风险。

理念要包容。高剑飞认为："银行经营就像开车，业务发展和风险防控是'油门'和'刹车'，一味地踩油门很容易出事故，一味地踩刹车又开不动，只有把握住油门与刹车之间的度，才能开得又稳又安全。"因此，他从上半场开始就始终倡导"大数法则、收益覆盖风险、倒金字塔"这三个理念。也正是这三个理念让乐清农商银行在经营中更好把握了发展和风险之间的"平衡"。

而下半场，随着农商银行竞争环境的变化，更要进一步解放思想，运用好"大数法则、收益覆盖风险、客户倒金字塔"这三个理念。他们认为：从长远来看，"做小"整体的风险就不大，在利润能覆盖风险的前提下，可以大胆去做，把客户筛选的金字塔倒过来，只要客户符合"三无"（无不良品行、无不良资信、无过度融资）条件的，就都可以提供贷款。

客户要包容。上半场，农商银行与其他银行之间的客户交集还不是很大，大家都在自身的领域内经营。但下半场，农商银行的"主阵地"优势已经不再明显，在充分竞争的形势下，有资产、有流量的，所谓"全好"的客户显然是大型银行先挑，而留给农商银行的只有"不全好"的客户。

高剑飞认为："下半场，对于农商银行而言，只要不是'全不好'的客户就是好客户。"在客户资源紧缺的形势下，要包容那些曾经长期在农商银行贷款，但当前出现经营困难的，"有贡献"的客户；那些短期看有一定的风险，但长期看有较大可能成为发展蓝海的"有潜力"客

户；那些在银行传统视角看有风险，非主观因素导致信用"有缺陷"的客户。农商银行就是要通过"救他"，去经营这些"不全好"的客户，最终实现"自救"，在下半场中突出重围。

考核要包容。上半场，农商银行对优秀客户经理的评价标准是：业务好、风险低、利润高。但下半场，评价的标准和理念都要发生转变，尤其是对风险评价的标准。乐清农商银行认为，对客户经理的评价，风险并不是越低越好，必须平衡处理好风险、业务、效益三方关系。一味追求低风险会束缚客户经理业务拓展的积极性和主动性。因此，他们提出要为担当者担当、为执行者负责、为创新者撑腰。只要没有违规经营、道德风险，一律定性为尽职免责。只要是结合自身实际创造性开展工作的，出现风险或责任的，一律由总行承担。

2.3　变"野蛮生长"为"精耕细作"

上半场，农商银行有资源、有客户、有利润，可以说"有钱任性"。为了完成任务目标，可以不计成本，通过加大员工营销奖励，提高客户补贴优惠，用资源"狂轰滥炸"。为了弥补管理漏洞，不断出台制度"打补丁"。为了防控风险，增加很多的审查环节、审批流程和风险关口。下半场要在管理上实现"精耕细作"，必须做好"算法"。

管理要做减法。始终传承和发扬"把复杂的事情简单做，简单的事情重复做，重复的事情用心做"的"简单"文化。首先制度要简练。要根据发展实际，进一步把文件合并和精简。如果涉及多个部门的，但凡有一个部门已牵头推进，绝不再让另一部门重复跟进；但凡一个文件可以说清的，绝不再发第二个文件；但凡一条制度可以明确的，绝不再增加第二条。其次流程要简短。只有流程短，才能增强工作效率，进一步减少沟通成本和管理成本，让各责任人的职责和分工更加明确，有效地降低风险。最后考核要简单。充分发挥考核"牛鼻子"的作用，在考核指标上抓主要矛盾，集中员工精力办大事。在考核方式上倡导"越简单越好、越直接越好"，要让每位员工都能清晰地了解和掌握自己的考核方式和计算方法，让考核的刺激作用最大化。

科技要做加法。农商银行的基础在线下，优势在线下。发展线上业务，不是意味着脱离线下发展线上，而是要在强化线下优势的基础上，以线下反攻线上，最终实现线下线上融合。高剑飞认为，乐清农商银行推进数字化转型有三个主要目的：降低经营成本、提高管理效率、提升客户体验。在这推进过程中不能盲目引入外部机构合作，仅仅认为开发一个系统就能"万事大吉"。同时，数字化转型要抓好三大重点：推进"营销＋科技""管理＋科技""渠道＋科技"，打通线上运营高速路，实现双轨运行。

效能要做乘法。下半场，农商银行只有效能好才能活得好，活得久。首先是人力效能最大化。要进一步倡导"员工薪酬越高，企业成本越低"的理念，推行高效高薪、上不封顶下不保底的市场化考核机制。通过控制总量、优化结构等"精兵强将"政策，不断提升"人均亩产"。其次是网点效能最大化。考量网点的固定资产、人力资源等综合成本指标，不断提高"网点亩产"。最后是财务效能最大化。加强经济资本管理，把资源用到能产生更大效益的地方，不断探索"业务亩产"最大化的有效途径。

2.4 变"人头红利"为"人才红利"

上半场人头红利，是因为上半场人力成本低、业务简单、科技落后并且资源丰富，人海战术就容易取得成效。但下半场人力成本提高，"机器换人"加速，业务更加复杂，不是人多就能解决问题。高剑飞认为，农商银行的下半场，"人头红利"已经消失，"人多"将是制约发展最大的短板。只有控制好人数，把更多人培养成为"奋斗者"，才能在下半场释放更大的"人才红利"。高剑飞把单位员工分为奋斗者、普通者、混事者三类，让这三类人对号入座，倒逼所有员工要么"奋斗"，要么"淘汰"。

让奋斗者有为有位。对什么样的员工可以称为"奋斗者"，高剑飞说："奋斗者指的是有信仰、有本领、有业绩、有规矩、有担当的人，奋斗者要认可乐清农商银行的'小而美'文化并为之持续奋斗"。对于这些奋斗者，乐清农商银行一直以来倡导：你若奋斗，我必厚待；你若精彩，必有舞台。但高剑飞认为，在乐清农商银行，这些奋斗者还不够"耀眼"，还没有"亮瞎"不奋斗者的眼睛，这就需要建立一整套人人讲奋斗、奋斗最光荣的"奋斗者"价值评价体系，让所有员工看到奋斗的榜样、奋斗的希望、奋斗的价值。

让普通者奋发有为。高剑飞认为，在乐清农商银行，还有一些"潜水"的普通人，他们主动性弱、业绩平平、小富即安。要实现"人才红利"，关键还在于怎么把这些普通人变成奋斗者。他说："下半场，乐清农商银行不可能再养不奋斗的员工了，要进一步完善'小而美'人才培养机制，对普通者进行再培训、再考核、再提升，鞭策普通者奋发有为，力争成为奋斗者。"

让混事者栗栗自危。混事者指的是那些开倒车、不作为、没担当、纪律涣散、破坏团结、唯恐天下不乱的人，这些会影响普通者、奋斗者干事创业，对单位内部生态造成严重威胁，但往往因为体制机制原因，不能让其出局。下半场，要在员工能上能下、能进能出的淘汰机制上下苦工，对这些混事者坚决淘汰，进一步净化队伍生态。

2.5　变"发展自我"为"追求无我"

上半场，农商银行靠机制、靠物质、靠积累，已经实现了一定的自我发展。下半场面临经济金融新常态，想要实现可持续、高质量发展，就必须靠情怀、生态和格局去构建新生态。可以说，上半场是"发展自我"，下半场要"追求无我"。

相信方能看见。一方面要相信客户，乐清农商银行始终认为大部分客户都是好的，农民是最讲诚信的，只有相信客户，才能更好地拥抱客户、服务客户。另一方面要相信单位，乐清农商银行始终倡导，单位好了员工才好，员工好了单位更好，要求员工把农商银行平台当终身事业来做。

坚守方得始终。"小而美"这条路走到现在，乐清农商银行也经受过内外部的各种压力和质疑，包括为什么做小不做大、为什么不跨区域经营等。但实践证明这条路是对的，也得到了各方的一致认可，只要坚定不移地走下去就好。他们始终认为：走自己的路就是创新，坚持就是最好的创新。

利他方会走远。首先是利客户。客户就是农商银行发展的"阳光雨露",离开阳光雨露,种子再好也难以生存。下半场要始终把客户放在第一位,把客户作为决定生死的战略物资去储备,努力实现"我们有什么"到"客户要什么"的理念转变。其次是利员工。员工是农商银行发展的"内在基因",一旦破坏了基因,就会导致抵抗力下降,就容易生病。下半场要进一步打造乐清农商银行与员工的命运共同体,真正实现共生共荣的"幸福银行"愿景。最后是利社会。社会就是发展的"土壤养分",只有社会生态好了,农商银行成长的土壤才会更肥沃,才能吸收更多的养分。下半场乐清农商银行要去承担更多的金融服务和社会责任,与社会治理体系深度融合,成为政府及百姓心中的"自己人"。

过去十年多的发展,乐清农商银行已经成为地方金融"小冠军"和全国标杆农商银行,在别人看来已经取得不错的成绩,没有必要再去冒险转型。放弃过去的成功很难,但有时不放弃就无法获得明天的成功。转型需要用时间换空间,这就需要我们有坚持的精神。对乐清农商银行来说,每一次转型都是一次新的创业,是追逐新目标、实现新价值的过程。

未来如何发展,高剑飞在 2020 年公司年会上作了题为《生生之道 美美与共》的致辞,寄予未来美好的希望和期许:

未来可期,心无旁骛,满怀豪情再出发。新十年,新生态,新格局,今天我们又要出征了!

带上信仰出发!信农商,信道路,信未来,相信坚持的力量。发展观谋篇布局,生态观优势重塑,价值观境界再攀,追逐梦想,砥砺前行，小而美道路前景辉煌。

带上思想出发！变逻辑，变思维，变方法，相信创新的力量。从比拼速度到比拼耐力，从防控风险到经营风险，从野蛮生长到精耕细作，从人头红利到人才红利，在大破中大立，以不变应万变。

带上幸福出发！有梦想，有故事，有舞台，相信奋斗的力量。苦心人天不负，你若奋斗，我必厚待；你若精彩，必有舞台。农商行负责阳光雨露，你们负责茁壮成长。

带上情怀出发！利客户，利员工，利社会，相信利他的力量。相信方能看见，坚守方得始终，利他方会走远。让无我之心落地生根，春风化雨，润物无声。

循生生之道，成生生之美！让小而美从"一棵大树"长成"一片森林"。走自己的路就是创新，坚持就是最好的创新！（节选）

在新征程上，乐清农商人将携手同心，踏浪前行，共同奔赴他们的"农商梦"。

附　录

大道至简　小而美的农商行文化

　　《小而美》这本书内容丰富，充满匠心，厚实又厚重，它描绘的不仅是一家小银行发展历程的故事，更是农商人"不破楼兰誓不还"的真实写照。乐清"小而美"的差异化道路发人深省，尤其是乐清人骨子里厚植"崇尚实学、敢为人先"的文化根基，更是令人感触深刻。吾以为，时代发展赋予农商行的使命是支农支小，要把普惠金融做深、做精、做细，我们必须要找准方向、练好内功，为客户、为员工、为社会创造更多的价值。

　　小而美的内涵是非常丰富的，它可以是一种文化精神，也可以是一种商业模式。在我的理解里，小而美的精髓就是"小"和"美"。因小而美，正是应了中国道家最朴素的哲理，大道至简。两个字概括了普惠金融的核心理念，也凝结了成百上千万农商人的事业追求。小到极致是精华，美到极致是幸福，契合了当代人追求幸福美好生活的人生哲学。农商行一脉在新中国金融发展的历程上风风雨雨走过了七十载。当历史年轮转到新时代，我们既是农村金融探索者，也是普惠金融践行者。实践已经证明，农村的广阔天地是大有可为的，我们愿学鲁迅先生"俯首甘为孺子牛"的精神，甘做别人不愿做、做不了又必须做的的事情，也愿学费孝通先生"美人之美、美美与共"的人生境界，将普惠的种子播

撒到大江南北。正是这样的情怀、这样的信仰才造就了一代代披荆斩棘的农商人，常熟如此，乐清亦如此。

事实上，不管是乐清，还是常熟，我们都曾经历过起起伏伏的竞争与考验，是在一次次的跌倒中爬起来，勇敢寻找前进的道路。从困难中来，到困难中去，就是在不断克服困难的过程中，我们找到了"支农支小"的方向，坚定了"普惠金融"的信仰。面对复杂的外部环境和竞争，选择正确的经营模式至关重要。打铁还需自身硬，乐清因"小而美"的经营理念走出了快速增长的十年，常熟也因成熟的"小微信贷工厂"模式走过了业界瞩目的十年，十年磨一剑，都是从谷底徘徊到奋起直追，从弯道超车到自成体系。每个成功的农商行都要有自己的文化底蕴，在时光河里逐渐演化成内在的基因，代代传承、代代耕耘。时代在不断的向前发展，农商行天生的"老农信"基因，尽管表现形式不尽相同，但都是我们共同的信仰，也是时代赋予我们最光荣的使命。

七十载栉风沐雨，二十年风雨兼程。普惠金融时代，我们不仅要守护好"小而美"的农村金融主阵地，更要敢于开拓、勇于创新，为普惠金融发展博得更加广阔的天地。农信社七十载艰难创业，农商行二十年精耕细作，正是"恰同学少年"风华正茂之时，昂首于历史长河的船头，纵然惊涛拍岸、大浪淘沙，我们亦初心不改、扬帆远航！

常熟农商银行党委书记、董事长　宋建明

品读乐清农商银行的"小而美"

品读《小而美》一书，让人爱不释卷。在这本书中，我们读到了一家本土农商银行面对选择的心路历程，读到了一家本土农商银行坚守定位的生动实践，更读到了一家本土农商银行对发展转型的深刻思考，令我们不得不惊叹于她的"美"。

我们惊叹于她的"思想之美"。思想是行动的先导。市场竞争是残酷的，尤其是在产品、服务和营销策略同质化愈加充分的银行业，更容易让人迷失在选择的十字路口。乐清农商银行始终以"人无我有、人有我优、人优我转"的错位竞争思维，在激烈的市场竞争中选择了一条"小路"，却阔步前行走出了一条"正路"。

我们惊叹于她的"坚守之美"。坚持就是最好的创新，对于银行机构而言，很多时候我们缺的不是创新，而是坚持。乐清农商银行最让人肃然起敬的是她一以贯之的战略定力。用十年的时间，坚守"农小土"，远离"高大上"，做同行"不想做、做不了、看不到"的业务，敢于舍弃、不辞辛劳，最终实现了逆势发展和换道超车。

我们惊叹于她的"成人之美"。生生之道、美美与共。乐清农商银行坚持共生战略，与客户、社会和员工形成了一种命运共同体。追求"和美"，为员工谋幸福；追求"和合"，为客户谋利益；追求"和谐"，

为社会谋价值。在践行普惠金融中初心不改，在"利他"中追求"无我"，实现了合作共享、协同共生。

我们惊叹于她的"追寻之美"。路漫漫其修远兮，吾将上下而求索。在"上半场"取得了较大优势的乐清农商银行，并没有满足于现有的成绩，而是选择收拾行囊，带上信仰、思想、幸福和情怀，继续出发。农商银行"下半场"的走向如何，还有很多未知和挑战，但是拥着一腔永远在路上的执着，我们有理由相信一定能够到达"小而美"的彼岸。

赣州农商银行和乐清农商银行、本人和高剑飞董事长结识于2019年的初夏。带着"向标杆学习"的心态，赣州市农商银行系统于去年5月组织部分成员行高管访学乐清，为期两天的深度学习，通过"小而美"课堂讲授、实地参观、座谈交流，我们一行人开阔了眼界、受到了启发。去年6月，高剑飞董事长又亲自带着乐清农商银行几位高管到访赣州，几天的交流更加增进了友谊、交流了思想，让本人受益匪浅。

见贤思齐，榜样的力量是无穷的，向标杆学习永无穷期。乐清农商银行"小而美"的差异化经营之路也给了赣州农商银行非常多的启示。

乐清农商银行聚焦"农小土"的发展之路，使我们更加专注做小做散做本土。赣州农商银行将始终坚持"立足本土、服务社区、支农支小"市场定位不动摇，高举支农支小大旗，摒弃贪大求快的盲从思想，心无旁骛专注深耕细作"三农"和小微市场，全力以赴推进整村授信"985"工程、网格营销"863"工程，不断探索更加符合"三农"和小微金融需求的服务模式。

乐清农商银行聚焦"普惠银行"的发展之路，使我们更加注重推进普惠金融。赣州农商银行将始终坚持做普惠金融服务供应商，主动对接赣州创建全国普惠金融改革试验区工作。围绕建成全国普惠金融标杆银行的目标，在"普"上深耕，提高普惠金融服务的覆盖率；在"惠"上发力，提高普惠金融服务的满意度；在"网"上突破，提高普惠金融服务的便利性。

乐清农商银行聚焦"生态银行"的发展之路，使我们更加倡导和谐共享理念。赣州农商银行将始终以建设和谐共享型银行为目标，坚持客户至上、服务至诚，做客户一辈子、一揽子、一家子的金融服务商。坚持"有德、实在、实干、实绩"的人才理念，让想干事的有机会，能干事的有舞台，干成事的有地位。主动担当社会责任，在推动赣州经济社会发展中贡献更多金融力量。

借此机会，再次感谢高剑飞董事长及乐清农商银行对本人及赣州农商银行的关心支持。又是一年仲夏，章江之畔，生机勃发，期待和高剑飞董事长下一次的深度交流。

赣州农商银行行长　李洪

读懂乐清农商行的
至真道、至简道、至定道、至恒道

"此生无悔入浙江，此生幸为农信人"。作为一名湖南人，1997年大学毕业后一直就职于浙江农信系统，前后辗转了嵊州、绍兴、杭州、浦江、德清等地，工作岗位也从最基层柜员客户经理、到县联社部室、到地市级机构部室、到基层支行行长、再到省联社办公室、再到基层行社任副行长、行长、董事长，再回到省联社总部。这23年的工作经历让我收获了太多，因此我对浙江农信特别深怀感恩之心与崇敬之意，也特别为自己是其中一员而自豪。

浙江农信是一个富有传奇色彩的体系。在浙江省农信联社十余年一以贯之坚持做小做散普惠道路、充分发挥省县两级法人优秀的情况下，全省81家行社总体均深耕本土、富有特色，绝大多数也处于当地银行业"小冠军"地位，也涌现出一批标杆型的农商银行，我也有幸从诸多农商行董事长兄长般的教诲中学到许多。其中，乐清农商行及高剑飞董事长更是对我如何做好农商行董事长产生深远影响。

起初我对乐清农商行最深刻的印象，不是他的规模、也不是他的利润，而是"五百万元以上的贷款一律不发放"，以及"一千万元以上的贷款能退出尽量退出"，这似乎颠覆了我当初的一些认知，也让我对乐清农商行及高剑飞董事长产生有浓厚的兴趣与特别的敬意，于是一直在关注研究乐清农商行的做法，并力图参透其背后的逻辑。

我担任浦江农商银行董事长后，深感有必要让全体干部及客户经理进一步打开视野，真正了解与标杆行的差距，于是计划组织了一次大规模的"对照标杆找差距、厘清思路再出发"的学习会，乐清农商行当然是我的首先标杆。本来心中还有些忐忑，想想浦江是一家小行，而乐清农商行在全省甚至全国农商行都负有盛名，学习者络绎不绝，高剑飞董事长会不会对我们浦江农商行"看不上"呢？

而与高剑飞董事长联系后，完全打消了我的这些顾虑。高董特意派李永涵监事长和一名中层干部来给我们作分享，乐清农商行的各项经营数据、以及一些核心理念与工作方法，对浦江农商银行参加学习的干部员工产生了极大的触动。第二年，高剑飞董事长还给我特意开了"小灶"，浦江农商行100余位干部员工在乐清农商行学习了三天，高董亲自我们精心安排了课程与师资，并安排了客户经理到不同网点跟随学习，让我行参加学习者再次受到了沉浸式的"洗礼"。乐清农商行的标杆作用，既让我们产生了强烈的差距感，也让我们进一步坚定了做小做散的方向感，意义可谓重大，作用可谓鲜明！

在向乐清农商银行学习的过程中，我也有幸与高剑飞董事长多次深入探讨交流，我个人也一直在思考乐清农商行及高剑飞董事长到底"牛"在哪里？为何而"牛"？"横看成岭侧成峰，远近高低各不同"，同样的事物，不同的人有不同的角度、不同的观感与看法。而在我看来，我认为高剑飞董事长最"牛"的，就是在省农信联社的战略总体指引下，结合乐清及乐清农商行的实际，有独立思考精神，能创造性地开展工作。

而乐清农商行最"牛"的，就是能够坚持农商银行本应有的"至真道、至简道、至定道、至恒道"。

至真道，就是真正地对事业负责，对长远负责。农商行本质就是一家企业，而企业追求的肯定不仅仅是当年的业绩，而更是可持续发展的能力，实现基业长青的能力。我觉得，乐清农商行的发展一直秉承着一家企业本应有的至真道，这是其所有经营管理理念一切的前提与基础。

至简道，就是真正做到大道至简、不花里胡哨。有些农商行可能年年有新的理念，经常有不同的提法，但乐清农商行没有，他们的思路非常简单，他们的经营方向可以总结为"做小、做小、再做小！做散、做散、再做散！"。我越来越觉得，在这个纷繁复杂的年代，把经营思路搞复杂是容易的，而把思路做的简单却是极难的。

至定道，就是真正做到保持定力、不畏也无惑。"泰山崩于前而色不变，麋鹿兴于左而目不瞬"，许多时候我们本来已经想清楚，但真正遇到巨大的压力或诱惑时，依然坚守住定力其实并不容易。而乐清农商行我个人认为最难能可贵的就是能够始终保持定力，无论是对于做小做散的定位，还是对外设立村镇银行等事项上，乐清农商行的至定道都令人敬佩。

至恒道，就是真正做到持之以恒、坚持即创新。"坚持就是最好的创新"，乐清农商行的这句理念对我的触动和影响是极大的。不少农商行可能还在今年我的思路与去年一定要有所不同，但真正一项事业大的战略思路一旦确定后，只有一年接着一年干、甚至一届接着一届干，才有可能真正出成效，特别是大成效。

有幸作为第一批读者读到此书，一阅便放不下手，泛读了一遍后，又沉下心来精读了一遍，感觉这么多年来真正读到的县域农商行的如此精髓、如此干货的经营管理之道的书，还是第一次。本书中内容丰富，金句频出，信息量也十分巨大。建议各位读者，带着"什么是乐清农商行发展至今的至真道、至简道、至定道、至恒道"这一问题去读此书，可能会有更大的收获与不同的感悟。

借此机会，再次对高剑飞董事长及乐清农商行对本人及浦江农商行的关心支持表示最诚挚的感谢！

浦江农商银行党委书记、董事长　李九良

寻破局之道
探寻乐清农商银行成功"密码"

首先非常感谢高剑飞董事长及乐清农商银行寄给我这本书。高剑飞董事长及乐清农商银行于我，于寿光农商银行而言，应该是亦师亦友的关系，同时也是我行转型发展的方向和动力。一拿到书，一口气读下来，真的是手不释卷，受益匪浅，书中描绘的特色银行经营模式对我的触动和影响是极大的，当我慢慢地合上这本书后，脑海中呈现的是乐清农商银行的发展历程，这本书始于战略，成于打法，终于文化，字字珠玑，金玉良言，让我感悟颇深。

乐清农商银行作为浙江农商银行的领头羊和全国农商银行的标杆，在改革创新、转型发展、经营管理和企业文化等方面都走在了全国的前列。2018 年，是我第一次到乐清农商银行学习，期间的所见所闻，特别是高剑飞董事长的授课，令我感触颇深，醍醐灌顶、如沐春风，不仅颠覆了我对县域农商银行经营发展的认知，也让我对高剑飞董事长产生了浓厚的兴趣与特别的敬意。返回途中，我就决定让寿光农商银行的全体干部及客户经理到乐清农商银行交流学习，进一步打开视野，真正了解与标杆行的差距，寻找破局之道。

自 2018 年开始，我行先后多次组织管理人员到乐清进行考察学习，期间我行与乐清农商银行建立了深厚的友谊，也得到了该行真诚的支持和帮助，2019 年，我行进一步组织 2 批次优秀支行行长、副行长、客户经理到乐清农商银行进行跟班学习。来学习之前许多干部员工都存在这样的疑问，乐清的客户经理是怎么做到人均管户 700 户还能游刃有余的？员工日常工作强度大，为什么能够热情高涨？信贷投放如此迅猛，为什么不良率一直控制在较低水平？整村授信大家都在搞，为什么乐清成绩斐然？经济下行压力下银行系统步履维艰，为什么乐清能够异军突起？这些疑问，在深入的学习和跟班营销实践中，都得到了解答。通过跟班学习，我行员工收获的不仅仅是震撼、触动和佩服，更重要通过亲身感受工作氛围、体验工作流程、学习营销技能，使全员看到了零售业务转型带来的美好前景，进而形成了发展共识，奠定了推进零售转型的思想基础、视野基础和行动基础，形成了完全统一的价值取向。

2019 年 4 月份，高剑飞董事长应邀不远千里到我行传经送宝。详细的介绍了 2011 年温州金融风波以来，乐清农商银行通过发展方式转型、风控体系转型、管理方式转型、队伍建设转型"四项转型"，十年磨一剑，做出了很多金融机构不想做、做不了、做不全的工作，走出的"小而美"差异化经营之路，为全国农信系统持续稳健发展探索出了一条可行的转型之路，可谓居功至伟。在乐清发展的漫长道路上，高剑飞董事长不断上下求索，勇于尝试，用"舍"、"人"、"简"、"行"四字密码不断引领乐清农商银行这艘乘风破浪的巨大帆船，驶入蔚蓝的深海遨游，这是何等的气魄！

"舍"字当头，始终保持坚如磐石的战略定力。"荡胸生层云，风

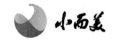

光在险峰。"我深刻体会到乐清农商银行大舍大得，不舍不得的智慧与坚如磐石的战略定力，只有保持清醒的头脑，不过分追求短期的利益，耐得住寂寞，经得起诱惑，顶的住压力，才能保证银行业务的可持续发展，这是其所有经营管理理念一切的前提与基础。

"人"字为先，打造承载知行合一的经营文化。文以载道，以道御术，以文化人。有些农商银行四处学习各式各样的经营方法，却忽视了自己的文化特色，但乐清农商银行没有那么多"花架子"，用的都是"土办法"，用以小搏大的务实精神，自强不息的人生态度，走出了一条属于自己的企业文化之路。

"简"字当下，逐步形成独具特色的管理机制。"为学日益，为道日损"，在这个纷繁复杂的时代背景下，为追寻面面俱到的经营方法，画蛇添足，反而应接不暇，破绽百出，乐清农商银行选择化繁为简，以简驭繁，复杂的事简单做，简单的事情重复做，重复的事情用心做，达到"蓬生麻中不扶自直"的自觉管理之境。

"行"字当前，实践检验经营管理的学习成果。"纸上得来终觉浅，觉知此事要躬行"，在武装头脑的同时，更要将理论下沉实践。"走自己的路就是创新，坚持就是最好的创新"，乐清农商银行关于创新的阐述，让我感慨万千，相信方能看见，坚守方得始终，利他方能走远，只有脚踏实地，践行初心，才有可能真正出成效。

亲身实地学习体验已觉醍醐灌顶，再读此书更知学海无涯，我感觉这本书将乐清农商银行"小而美"的精髓展现的淋漓尽致，此书内容丰富，层次分明，语言精练，将企业管理同银行经营两个主题融合在一起，在凸显金融管理的专业性的同时，兼顾书籍本身的可读性，让我受益匪浅。

借此机会，再次对高剑飞董事长及乐清农商银行对本人及寿光农商行的大力支持和悉心帮助表示最诚挚的感谢！

寿光农商银行党委书记、董事长　韩奎成

后　记

　　在本书写作过程中，乐清农商银行党委书记、董事长高剑飞亲自参与了书稿框架的设计和内容修改的讨论，充分展示了他所具有的敏锐、好学、勤思、务实的品质，为全书最终圆满完成提供了重要的保证。乐清农商银行卓建宁行长、李永涵副行长、连正杰副行长、张光贵副行长、吴月璋监事长等高管团队多次与写作团队进行座谈和交流，为本书的调研和写作提供了大力支持。卢志博、包丽娟参与了部分章节的写作与修改，各支行行长、部室总经理等提供了许多宝贵的素材资料和意见建议。

　　浙江工业大学管理学院的许强教授、陶云彪博士参与了部分章节的写作与修改。浙江工业大学管理学院资深教授施放博士对本书的框架、调研和写作给予了不可或缺的支持和帮助。浙江工业大学管理学院的郑才林副教授和张锐博士也参与了本书的部分调研和讨论。

　　本书成稿后，我们特别邀请浙江省农信联社党委书记、理事长王小龙同志，《中国农村金融》杂志社党委书记、社长朱进元同志，国务院发展研究中心金融研究所副所长、研究员陈道富同志分别做序，从不同的侧面对乐清农商银行的实践给出专业的评价。常熟银行党委书记、董事长宋建明，赣州农商银行行长李洪，浦江农商银行党委书记、董事长李九良，寿光农商银行党委书记、董事长韩奎成也从互学互鉴的角度道出了对乐清农商银行的"小而美"模式的所思所悟。

中国金融出版社和王雪珂编辑为本书的出版提供了专业而高效的支持。他们在书稿校对、版式设计、封面装帧等方面的付出，使本书得以精彩地呈现在读者面前。

在此，我们对于上述所有单位和人士为本书调研与写作、修改与完善、评介与出版等各项工作的辛勤付出、大力支持、热情帮助表示最诚挚的感谢！

"为学日益"。本书的写作虽然以正式出版发行而暂时告一段落，但是对于农商银行经营之道的理论和实践探索则不应停止，相信也不会停止。